DESAFIOS NA FORMAÇÃO
DO EDUCADOR

Dados Internacionais de Catalogação na Publicação (CIP)
(Câmara Brasileira do Livro, SP, Brasil)

Espírito Santo, Ruy Cezar do
    Desafios na formação do educador / Ruy Cezar do Espírito Santo. – 4ª edição
revista – São Paulo : Ágora, 2012.

    Bibliografia.
    ISBN 978-85-7183-079-0

    1. Avaliação educacional 2. Educação – Finalidades e Objetivos 3. Prática
de ensino 4. Professores – Formação Profissional I. Título.

11-11768   CDD-370.7

Índices para catálogo sistemático:

    1. Educadores : Formação   370.7
    2. Formação de educadores   370.7

EDITORA AFILIADA

DESAFIOS NA FORMAÇÃO DO EDUCADOR

Retomando o ato de educar

RUY CEZAR DO ESPÍRITO SANTO

EDITORA
ÁGORA

Editora executiva: **Soraia Bini Cury**
Editora assistente: **Salete Del Guerra**
Projeto gráfico e diagramação: **Acqua Estúdio Gráfico**
Capa: **Buono Disegno**
Imagem de capa: **Jacub Kozak/Shutterstock**
Impressão: **Sumago Gráfica Editorial**

Editora Ágora
Departamento editorial
Rua Itapicuru, 613 — 7º andar
05006-000 — São Paulo — SP
Fone: (11) 3872-3322
Fax: (11) 3872-7476
http://www.editoraagora.com.br
e-mail: agora@editoraagora.com.br

Atendimento ao consumidor
Summus Editorial
Fone: (11) 3865-9890

Vendas por atacado
Fone: (11) 3873-8638
Fax: (11) 3873-7085
e-mail: vendas@summus.com.br

Impresso no Brasil

Dedico este livro de maneira especial a todos os meus alunos de ontem e de hoje, representados aqui pela Rosângela Del Vecchio – que, generosamente, fez a revisão do texto. Dedico-o de forma particular à minha companheira, Sílvia Alcântara Machado, que também colaborou para a conclusão desta obra.

SUMÁRIO

PREFÁCIO

Ruy Cezar do Espírito Santo apresentou capítulos deste livro em nosso Grupo de Estudos e Pesquisas em Interdisciplinaridade da Pontifícia Universidade Católica de São Paulo (PUC-SP), do qual é integrante desde o início dos anos 1990. Gostaria neste momento de dividir com você, leitor, pequenos excertos do impacto causado em sua apresentação.

O mais importante talvez se revele na profundidade de conteúdo dos textos. O leitor, sem nenhum esforço, abandona-se inicialmente nos braços da poesia. Ao adentrar a prosa, encontra-se já preparado para decifrar o enigma proposto.

A cada trabalho concluído, Ruy aprimora seu cuidado na construção metafórica. Recorre para tanto à arquetípica mítica na qual o homem é desconstruído no que possui de mais fundamental. Trabalhar com os arquétipos da Grande Mãe, do Grande Pai, da Criança, do Adolescente e poder navegar entre eles numa dimensão de Razão e Emoção, de Consciente e Inconsciente, de Intuição e Determinação é algo reservado apenas aos sábios.

Somente a sabedoria permite transformar a complexidade da vida num ato simples. Isso exige, sobretudo, humildade – a displicente humildade do sábio – daquele que naturalmente diz o produzido nos muitos anos de leitura, reflexão, meditação, vida. Este livro de Ruy Cezar certamente servirá de bálsamo, de ilha de paz ao conturbado momento de crise social, pessoal, econômica e de valores que nosso mundo vive. Ao lê-lo, recolho-me no meu interior, demorando-me nele. Saio renascida, energizada para poder continuar. Saio revigorada em minha crença no humano, desejosa de continuar a descobrir em mim e nos outros os talentos escondidos.

Sinto orgulho de poder ser sua discípula, aprendendo com esse educador brasileiro o ato maior de criar beleza na adversidade. O livro é, sobretudo, *belo*. Parodiando Dostoievski, concluo que a Beleza é o fundamento da Ética.

Ivani Fazenda
Professora do Programa de Pós-Graduação em Educação/
Currículo da Pontifícia Universidade Católica de São Paulo (PUC-SP)

APRESENTAÇÃO À NOVA EDIÇÃO

A nova edição deste livro surge num momento em que o grande desafio na formação dos educadores é a questão dos "anúncios" feitos em torno do ano de 2012 e como "preparar" os jovens para uma leitura correta da questão.

Alguns se fixam no anúncio da profecia maia, que comunica o final de uma época em seu calendário, com transformações significativas para a humanidade. Outros dizem da coincidência desse anúncio com visões apocalípticas vindas do evangelho cristão. Outros ainda, mais voltados para a ciência, anunciam mudanças no planeta em decorrência da poluição ambiental, como o degelo nos polos.

Enfim, as notícias vão surgindo, algumas assustadoras e outras que nos conduzem a uma reflexão mais séria. A meu ver, a humanidade, como um todo, vive sempre um processo de evolução semelhante ao que vive um ser humano isolado. Sim, sustento que até o ano zero a humanidade viveu sua infância, presenciou aquilo que Jesus denominava de "antigos" que diziam "olho por olho e dente por dente". Jesus passou a anunciar então que devíamos "amar o inimigo". Porém, a humanidade saída da infância, do "olho por olho", não podia entender o "amor ao inimigo" – tanto assim que a principal igreja vinda do cristianismo realizou cruzadas, inquisições e queimou o inimigo na fogueira. Não por "mal", mas porque a humanidade como um todo vivia sua adolescência, que vai até o ano de 1945.

É importante observar que em torno do ano zero tanto o cristianismo como o budismo e a filosofia grega, entre outros, anunciavam mesmo uma nova visão para o ser humano, segundo a qual o amor era a tônica principal. Em 1945, no entanto, a adolescência humana atinge seu auge: os grandes ditadores. Hitler, Mussolini, Salazar, Franco, Getulio, Perón, Stálin etc. Pois bem, é nessa época que o adolescente humano percebe, com a bomba atômica, que pode destruir o planeta. Essa mensagem claramente destrutiva desperta-nos para um novo tempo...

É contemporaneamente ao ano de 1945 que Teilhard de Chardin e Paulo Freire falarão em conscientização no sentido do "início" de uma maturidade da humanidade. É também nesse ano que reaparecem documentos de 2 mil anos atrás, que estavam escondidos numa gruta do Egito para que não fossem queimados pela igreja da época... Tais documentos trazem incríveis mensagens, que retomam o anúncio amoroso do ano zero, com contornos voltados de forma especial para o sentido da liberdade do ser humano...

É quando surgem as organizações não governamentais – como Médicos sem Fronteira e Anistia Internacional – e as mulheres começam a se libertar do intenso machismo vivido até então. Claro que ainda permanecem em alguns países as vivências "adolescentes"... Observe-se, aliás, que caem hoje no Oriente as últimas ditaduras.

Enfim, julgo fundamental que a educação de hoje ofereça aos alunos essa visão da evolução da humanidade e o despertar para uma nova consciência existencial. A seguir, um texto poético que complementa em outra linguagem o que aqui foi apresentado.

Grande transformação

2012
Grande expectativa
Mudanças esperadas
Profetizadas
Temidas...

Nenhum outro ser vivo
Participa dessa ansiedade experimentada por tantos
Dos maias
Até os profetas atuais
O anúncio se faz presente

Sinto que a grande transformação
Não é "exterior"
Sinais externos podem acompanhar tal momento
Vivido pelo ser humano

A grande transformação é "interior"
Trata-se da realização da "profecia" junguiana:
O encontro do ego com o self
A conscientização profunda apregoada por Paulo Freire

Mais ainda o anúncio também profético de Teilhard de Chardin:
Que afirmou que depois de percorrer longamente o caminho da análise
O ser humano chegava à luminosa síntese
O "ponto ômega"
Denominando tal momento de "conscientização"

A "chegada" a tal nível existencial
Deu origem às inúmeras ONGs
Aos Médicos sem Fronteiras
À Anistia Internacional... E tantas outras

O mistério de 2012 é que a liberdade oriunda de tal nível de consciência
Conduzirá o ser humano a outra dimensão
Que implicará a "reconstrução" do planeta
A profunda vivência do amor

Não estamos sós no universo
Irmãos em outra dimensão existencial
Acompanham-nos e "atuam" sobre nossa realidade
Visando à plenitude da conscientização

Assim essa essencial transformação poderá, sim,
Ser acompanhada por transformações "externas"
Cujas razões poderemos não entender
Porém, seguramente significarão a "sincronicidade" apregoada por Jung

Sim, tal sincronicidade está presente desde a transformação havida em torno do ano zero
Quando contemporaneamente primeiro a filosofia grega
Depois o budismo e o cristianismo
Dentre outras mensagens, significaram o fim da infância da humanidade...

O fim daquilo que no cristianismo foi anunciado como término do "olho por olho e dente por dente"
Para dar lugar ao "amor ao inimigo"
Ou Sócrates com o "Conhece-te a ti mesmo"
Como princípio de toda a sabedoria

Naquele momento a grande transformação foi o início da "adolescência" da humanidade
Ainda era cedo para vivenciar o "amor" anunciado
Lutas pelo poder, guerras religiosas, ideologias diversas
Até 1945, quando, com a bomba atômica, o adolescente humano percebeu que podia "destruir o planeta"
E então vem todo aquele movimento de conscientização

Ainda sincronisticamente, é no mesmo ano da bomba atômica que surgem os documentos de Nag Hammadi:
Do "nada", no Egito, aparecem documentos de 2 mil anos atrás para relembrar a esquecida lei do amor
Então se inicia o amadurecimento para o momento presente

Permanecerá sempre, porém, o mistério da liberdade
É preciso "querer" participar da transformação
Até porque nenhum pai consegue "obrigar" seu filho a amá-lo
O amor é a raiz dessa liberdade que originará a próxima transformação

Assim, quem permanecer prisioneiro do mundo material,
Do "apego", como anunciou Buda
Ficará mesmo à margem da mudança que se aproxima,
Não por "castigo", mas por decisão pessoal

Claro que tudo isso envolve o profundo mistério existencial
Que vem sendo hoje intuído
Como fruto da integração do self
E da crescente conscientização

O fruto primeiro dessa transformação será a realização, interior, plena
Com a vivência da alegria, da beleza e do amor
Que possuem o sentido profundo
Do "mais dentro" de um ser humano!

O autor

INTRODUÇÃO

O tema da formação docente está hoje presente nas várias instâncias educativas. Da pré-escola até a didática para a educação superior, a questão vem sendo objeto de estudo e desafio.

Usa-se também com frequência o termo "reciclagem de professores". O fato é que se tornou consenso a necessidade de a educação avançar além dos limites da "educação bancária", como definido por Paulo Freire.

Para tanto, se faz mister a presença de educadores em sala de aula, em todos os níveis. Não simplesmente *professores*. Em outras palavras, não basta um especialista ou um *diplomado* em determinada área para que conteúdos sejam trazidos para a sala de aula. E novos diplomas sejam conferidos e...

Pretende-se hoje, como condição para superar a crise de valores humanos generalizada, que surja uma nova geração marcada por uma formação ética que transcenda o domínio de qualquer especialidade.

O ser humano não é um cão a ser domesticado!

Cada um de nós tem um potencial criador a ser *despertado* pelo verdadeiro educador, nas distintas áreas do conhecimento.

Um médico, um advogado, um engenheiro ou um economista, para citar apenas os profissionais das áreas mais procuradas, podem e devem desenvolver-se no âmbito de suas especialidades, mas também precisam ser educados para que os valores e direitos humanos sejam respeitados, particularmente nas especialidades escolhidas.

A simples repetição de conteúdos antigos dispensa um educador presencial. Aliás, em razão do que está aqui sendo ponderado é que o chamado *ensino a distância* prospera...

Para que a presença do professor se uma gravação pode substituí-lo? Ocorre que a presença de um educador em sala de aula é distinta daquela de um professor. Impossível o trabalho de um educador ser executado por meio de *ensino a distância*!

O educador precisa olhar nos olhos de seus alunos. A disciplina é apenas o pretexto, a ponte entre o aluno e o saber maior. Por isso se torna premente a formação de professores para torná-los educadores.

Os temas aqui abordados servem de alerta para questões maiores que deverão ser objeto de aprofundamento por aqueles que pretendem formar professores que se tornem educadores.

Cada um dos capítulos é uma provocação para que os estudiosos do assunto, inclusive os que estão em processo de graduação, sintam-se instados a uma mobilização ampla no sentido da desejada formação.

Poderia ser dito da seguinte maneira:

De professor a educador

A vida das lagartas é fantástica
No bojo de um corpo misterioso
No escuro de uma densa membrana
Há o mistério, a borboleta!

Um dia ela voará
Está tudo pronto para o voo
É só esperar
Esperar o momento da maturidade

Chegado o momento, a magia do voo
Maravilha os presentes
Suas cores inimaginadas
Parecem vir de um fantástico artista!

Assim o ser humano
Sua saída do útero implica um primeiro voo...
Voo ainda inconsciente
Voo para uma nova maturação...

A família, a sociedade e a escola...
A escola é a parte essencial do novo útero
Da lagarta que cresce...
E que precisa saber da borboleta que vem...

Saber da borboleta que vem
É saber da magia da vida
Saber que ele não é apenas fruto do que vem de fora...

A escola deve prepará-lo para esse segundo voo
Prepará-lo para a escolha das cores das asas...
Sua forma...
Seu querer voar...

Seguramente seu voo não será o do professor
Nem o de sua família
Nem o de qualquer outro de sua época
Deverá ter a singularidade de uma Monalisa...

Assim é o nascer de novo...
Nascer para o querer livre
Não será o projeto pronto de uma borboleta
Mas criará seu próprio projeto de voo...

Para tanto indispensáveis educadores
Formadores de homens
Parteiros de uma nova geração
Que voe além das sombras presentes...

1. A QUESTÃO DA TECNOLOGIA

O século XX foi pródigo em avanços tecnológicos. E, com o desenvolvimento dos meios de comunicação, se fizeram presentes polaridades identificadas como modernismo *versus* conservadorismo.

Assim é que surgiram aqueles usuários de primeira hora do rádio, da televisão ou, nos dias de hoje, do celular e da internet.

Evidente que toda tecnologia, em si, é neutra.

As descobertas decorrentes do uso da energia atômica nos conduziram à bomba atômica, mas também às usinas nucleares visando à produção alternativa de energia.

Assim, qualquer tecnologia não está situada num universo celestial ou demoníaco. Trata-se simplesmente do avanço da humanidade em distintas áreas, buscando dar espaço à sua criatividade e a seu engenho.

Como em outros temas aqui abordados, veremos a importância da visão de unidade da vida e, portanto, dos inventos resultantes da operosidade do ser humano. A questão fulcral diz respeito ao uso feito.

Hoje se verifica a indisposição do conjunto da sociedade com certas formas de usar o celular, por exemplo. Assim é que em teatros, cinemas, conferências e outros atos coletivos percebemos a inconveniência do uso de tais aparelhos. Alguns restaurantes na Inglaterra tomaram a iniciativa de proibir o uso de celulares. Em casos de extrema necessidade, o usuário deixará o aparelho com o gerente, que o chamará, se for o caso.

Assim ocorre com qualquer tecnologia. Ora, na educação não será diferente.

Qualquer aparelho trazido para a sala de aula não melhorará ou piorará a proposta educativa propriamente dita.

É evidente que o uso de projetor, vídeo ou computador ampliará os recursos do educador, tornando sua proposta educativa mais bem explorada. Porém, insisto, a proposta educativa é que é fundamental. Vejamos o que afirmou Rubem Alves em artigo publicado na *Folha de S.Paulo* com o título "Qualidade em educação": "Os mecânicos da educação tendem a pensar que o problema da educação é um problema de meios, meios sendo um conceito amplo que vai desde didática e psicologia até computadores, laboratórios, televisões e parafernálias educacionais semelhantes". Ele termina o artigo afirmando: "A questão não é mudar as panelas. A questão é mudar o menu".

Na verdade, existe hoje a ilusão de que a tecnologia resolverá todos os problemas da educação. A educação a distância surge como o novo milagre para resgatar o processo educativo.

Como diz ainda Rubem Alves, no mesmo artigo, "Não é a forma, não são os meios que vão operar mudanças"! Paulo Freire denunciava a educação vigente como sendo "bancária", e ela seguramente continuará assim, ainda que inflacionada por tecnologias. Assim, ao cuidarmos da formação de educadores, é fundamental alertá-los das ilusões tecnológicas. Se o projeto educacional não for adequado, ficará inviável corrigi-lo com tecnologia.

Para concluir, deixo claro que o uso adequado de avançadas tecnologias pelas escolas pode, sim, ajudar todo o processo, desde que elas estejam hierarquicamente situadas como coadjuvantes.

A educação nascerá sempre do âmago do educador, que poderá ou não empregar tecnologias avançadas na execução de seu mister.

Dito de forma poética:

Educar é como semear

Semear das sementes que vêm de dentro
Do mais dentro
Da colheita do caminho percorrido
Percorrer o caminho
E saber de si mesmo
De suas transformações
De sua percepção do vínculo com a vida

Ligar-se à vida
É ligar-se ao todo
É saber-se um com o universo
Portanto com o outro

Saber-se um com o outro é amar
É abrir a fonte do coração
Fonte do saber e da alegria
A ser revelada no outro.

2. A RELAÇÃO PROFESSOR-ALUNO: NEM PROFESSORA NEM TIA...

Paulo Freire inovou quando buscou aprofundar o sentido da relação entre professor e aluno e escreveu *Professora sim, tia não* – obra que se tornou um clássico da educação.

Entendo que hoje caberia dar um passo adiante na reflexão feita por Freire: nem professora nem tia, eu sou a Malu...

Essa reflexão advém da busca de autoconhecimento – hoje considerado um dos quatro pilares da educação, segundo relatório da Unesco – que desenvolvo com meus alunos.

Uma das conclusões que vão se tornando constantes é a necessidade de *escaparmos* de papéis, ou, conforme diria Jung, das *personas*, na busca da verdadeira identidade.

De fato, sempre que indago, no início de minhas aulas com os alunos do primeiro ano, o já conhecido: "Quem é você?", as respostas permeiam os papéis vividos.

Assim, dizem: "Sou aluna da PUC, namorada, filha, funcionária pública, professora..."

Comento, então, que a vivência de um personagem (a *persona*) não diz da singularidade de cada aluno. Na classe são vários desempenhando idênticos papéis, porém cada um é único!

Por outro lado, a comunicação entre duas pessoas não se enriquece com a simples menção do papel cumprido:

– Oi, porteiro...

– Oi, funcionário...

– Oi, professor...

O nome das pessoas é a forma mais adequada para concretizar essa comunicação. E mais: um nome que diga à própria pessoa chamada algo de amoroso, que a aproxime. Por isso nas famílias surgem os apelidos: é a forma carinhosa de nos falarmos.

Assim também se comunicaram colegas e amigos, com muita frequência. Lembro-me de um episódio com um aluno de ensino fundamental, quando lecionei no Ginásio Rainha da Paz, em São Paulo. Na ocasião, estava iniciando minhas tarefas de jovem professor e buscava aproximar-me dos alunos. Intuitivamente (não havia ainda a consciência clara do que hoje escrevo), tentava *dar nomes* aos meus alunos, na medida em que a memória não me ajudava a lembrar dos originais.

Assim, conferia apelidos que permitissem uma comunicação mais íntima com eles, sem, contudo, avaliar a importância da ocorrência. Até que certo dia, no pátio, quando tomava café num intervalo, aproximou-se de mim um garotinho, com seus 10 anos, que, puxando-me pela manga do avental, disse: "Ruy! Por que somente para mim você não dá um nome?"

Naquele momento, percebi a profundidade da lição aprendida... Desde então, venho observando a importância de a pessoa ser identificada pelo nome ou por um apelido carinhoso.

Dei aula durante vários anos aos meus seis filhos, que, durante o período em que foram meus alunos, nunca me chamaram de pai, mas sim de Ruy, como seus colegas.

Até hoje, com tantos anos passados, sinto a força de me chamarem pelo nome, quando deixam o *pai* de lado...

Assim, a verdadeira comunicação passará sempre pela afetividade que está consciente ou inconscientemente ligada à forma como somos chamados.

Minhas alunas têm revelado a importância de se apresentar em aula a seus alunos dizendo: "Não sou professora nem tia, menos ainda *dona*... Sou a Malu..."

Todas as que viveram tal experiência revelam que a aproximação verdadeira é a que surge na comunicação cotidiana.

No início do período letivo, costumo realizar um exercício com os alunos. Nele, após cada aluno se apresentar, as histórias dos nomes são contadas e, em seguida, pergunto: "Como você gosta de ser chamado?" Essa identificação do aluno com *a forma como gosta de ser chamado* tem sido fundamental para a evolução do relacionamento na classe.

Certa vez, ao lecionar a alunos da terceira idade e fazer esse exercício dos nomes, deparei com uma situação bastante significativa. Uma das alunas deixou claro que não gostava do seu nome, que realmente não era comum, deixando patente tal circunstância até por sua expressão facial. Fiz então a pergunta: "Como você gosta de ser chamada?" Mudando inteiramente a expressão do rosto e abrindo um imenso sorriso, ela disse: "Ah! Meu genro disse que tenho cara de Marilu! Então, todos me chamam assim!"

Não preciso dizer que naquele momento a Marilu *nasceu* para a classe!

Hoje não tenho dúvida da importância do nome e da forma como as pessoas são chamadas para que se dê uma verdadeira relação.

De forma poética, podemos dizer:

Dizer um nome é criar vida
É dizer do mistério que envolve aquele olhar
Aquele gesto
Aquele sorriso, sempre único...

Chamar pelo nome é reconhecer
Saber que não é qualquer um...
Mas sim aquele que nos ouve...
Na eternidade daquele momento

Ser chamado por um nome
E sentir-se eleito, escolhido
Por alguém que nos toca
Que expressa profunda ternura...

Sentir-se único
Acolhido, ouvido
É estar vivo
É estar presente a um encontro!

3. O ESPAÇO DAS ARTES

Um dos fatos que considero mais dolorosos, quando recebo os alunos no primeiro ano de Pedagogia na PUC-SP, é ouvir a declaração consistente de que "não sei desenhar ou não sei fazer poesia". Em resumo, nada do que é vinculado a uma expressão artística faz parte de sua bagagem de ingresso na universidade.

Isso ocorre porque sempre busco, nos exercícios solicitados, pedir diferentes formas de expressão, seja por intermédio do desenho, da poesia ou ainda da dramatização.

Os alunos sempre argumentam que não aprenderam antes tais formas de expressão, uma vez que "artes não contava para nota"...

Essa constatação é extremamente grave. Aqui reside o ponto fulcral da chamada "educação bancária" denunciada por Paulo Freire.

Sim, somente conteúdos *estritamente racionais*, mensuráveis quantitativamente, estão presentes no cotidiano da maioria das escolas! Sempre lembro que meu professor de Geografia fez-me decorar o nome de todos os afluentes do rio Amazonas (o que sei até hoje), apesar de nunca haver *utilizado* tal conhecimento. Em nenhuma aula foi abordada a beleza da região amazônica, com suas florestas ou a dimensão de seus rios...

Ou seja, a beleza e a sensibilidade estavam (como estão até hoje) ausentes da escola, pois também entrei na universidade dizendo que não sabia desenhar ou fazer poesia.

Aliás, nunca me foi pedido qualquer exercício nessa direção, salvo, como dizem ainda hoje os alunos, as poucas aulas de artes – que não contavam para nota.

A única pedagogia que não só assegura a presença de várias formas de expressão artística no currículo, como também confere espaço similar àquele dado aos chamados conteúdos, é a Pedagogia Waldorf. Terei oportunidade, nesta mesma obra, de aprofundar as estratégias de tal modalidade.

Claro que hoje existem outras escolas que acordaram para o fenômeno da superação do velho paradigma cartesiano que originou a educação conteudista. Porém, ainda há um longo caminho a percorrer, mesmo nas universidades.

Na verdade, o velho paradigma, ao fragmentar *corpo* e *alma*, provocou a exaltação da razão, endeusada no século XIX, e desconsiderou a sensibilidade, a emoção (homem não chora) e a espiritualidade (não científica).

O século XX foi pródigo de profetas anunciando um novo paradigma, que findou apontado com toda a clareza por Fritjof Capra em sua obra *O ponto de mutação*. O novo paradigma gestado no último século é ecológico e holístico. Na verdade, sua grande característica é a síntese, já apontada por Teilhard de Chardin em seu livro *O fenômeno humano*.

Aliás, nas várias áreas de conhecimento temos os *construtores* do novo paradigma. Na educação, que nos importa mais de perto, temos Rudolf Steiner, com a já referida Pedagogia Waldorf, Freinet e, ainda, Paulo Freire e Rubem Alves, isso para citar alguns dos inovadores nessa área.

Ocorre que a chegada de um novo paradigma não implica mudança e aceitação imediatas. Ao contrário, há ferozes resistências... De qualquer forma, sinto que a mudança está em curso.

As artes vêm paulatinamente ocupando seu espaço à medida que ocorre a recuperação da integridade do próprio ser humano. Hoje, o reconhecimento da inteligência emocional, a dimensão do corpo – tal como situado, dentre outros, por Thérèse Bertherat e Carol Bernstein na obra *O corpo tem suas razões* – e, ainda, a busca da espiritualidade, como assinalei em meu livro *O renascimento do sagrado na educação*, provocaram o desvelamento do ser humano que não é apenas um cérebro a ser preenchido por conteúdos, como se o computador fosse a metáfora. Ao contrário, temos crescentemente a clareza de um ser dotado de corpo físico, emocional, racional e espiritual.

Essa visão integral do ser humano recuperada pelo novo paradigma vem propiciando um renascimento da arte na educação.

Não creio que hoje eu deixaria de aprender piano, caso sofresse alguma reprovação escolar. Na verdade, isso ocorreu quando eu tinha 10 anos porque a música *atrapalhava* meus estudos. Claro que meu pai não o fez por mal. Ele estava imbuído das certezas do velho paradigma segundo o qual a ciência de forma estrita é que *realizaria* o ser humano!

Assim, vejo cada vez mais a valorização do espaço das artes em muitas escolas, e sua equiparação em importância com as demais matérias. É uma conquista lenta, mas segura, na medida em que ressaltou a relevância da sensibilidade. Ora, é sabido que o desenvolvimento da sensibilidade dá-se pelas artes!

De forma poética, eu diria o seguinte:

Das artes e da afetividade

Buscar a fonte da inspiração artística
É dirigir-se ao mais dentro do homem
À fonte única que da forma original
Derrama o fruto de sua percepção

Encontrar essa fonte
É desvelar a possibilidade do amor
É trazer o homem novamente aos dez anos,
De onde se afastou, pelo que chamamos de educação...

O amor dissipou-se no instante em que o jovem de dez anos
Sentiu-se perdido nos labirintos escolares,
Onde cabeças sem coração são formadas
Sem a presença da arte...

Assim, resgatar a arte
É redescobrir a fonte interior da vida e amor...
É voltar aos dez anos, desta vez
Ciente do sentido e da significação da existência

4. O UNIVERSO LÚDICO DA EDUCAÇÃO

Nietzsche diz o seguinte sobre a maturidade humana: "O máximo de maturidade que um homem pode atingir é quando ele tem a seriedade que têm as crianças quando brincam" (*apud* Alves, 2000).

O *brincar* da criança é sua maneira de ser no mundo. Segundo os junguianos, a criança ainda vive o arquétipo do *inocente*; depois de vivenciar inúmeros outros arquétipos, o ser humano retorna a esse arquétipo com o caminho percorrido. Creio que Jung e Nietzsche beberam da mesma fonte. Uma fonte que nos diz da ludicidade da vida.

Numa floresta virgem, as árvores, as orquídeas e os animais vivem uma plenitude ecológica que, se não for interrompida pelo ser humano, realiza-se na especialidade daquilo que é.

Há uma beleza peculiar nos vegetais e animais que espelha uma ludicidade da própria vida. Assim, as árvores balançam os galhos ao vento, florescem, dão frutos, abrigam aves e outros animais, numa festa de movimento e beleza.

Diante desse espetáculo, o ser humano cria, por sua vez, as telas, como fizeram Monet e os impressionistas, dentre outros. A captação do belo, do lúdico, gesta a alegria peculiar dos seres humanos ante a consciência mais profunda do sentido da existência. Então, reflete também sua própria beleza!

A grande tarefa do educador é desde logo desvelar a seus educandos essa magia da vida. O percurso da criança, de seu estágio de *ino-*

cente até o seu *retorno*, poderá e deverá ser preparado pelos educadores, já conscientes da dimensão maior da vida.

Desde cedo a criança precisa perceber que seu brincar será a raiz do criar! Cabe ao educador iniciá-la nesse percurso. Se o educador fizer essa *passagem*, o encantamento da criança com pedras coloridas, com insetos recém-descobertos, apontará para a fonte de toda a criatividade.

Poderiam os *intelectuais* arguir que o mundo não é só beleza, não é somente o lúdico que está presente. De acordo. O ser humano destrói florestas, polui rios, guerreia com seus pares de outras raças, religiões e até mesmo com torcedores de outros times de futebol.

Transcreverei, alguns parágrafos adiante, um documento bastante conhecido publicado pela ONU: a carta do chefe Seattle ao presidente dos Estados Unidos, datada de 1853, na qual ele pede que eduquemos nossos filhos como os índios o fazem, amando os rios e a terra.

O texto revela nossa atual condição de *sobreviventes*. De fato, o *deus* da razão entronizado no século XIX afastou-nos, particularmente os brancos ocidentais, do sentido e do propósito da vida.

Foram necessários 150 anos para que Capra, acompanhando o percurso da própria ciência no século XX, anunciasse o novo paradigma ecológico e holístico que emerge a fim de que superemos a condição de *sobreviventes*. A consciência ecológica somente aparece após a explosão da bomba atômica...

Assim, o velho paradigma cartesiano, inspirador do cientificismo e do império da razão, precisa ser revisto (e está sendo) para que o ser humano resgate seu lugar no planeta, numa teia da vida, como denomina o mesmo Capra em obra homônima. Claro que não se trata de atirar ao lixo a razão ou os avanços propiciados pela ciência, mas sim de integrá-los à unidade mais ampla da vida.

Nesse momento, pois, cabe à educação devolver à criança o propósito e o sentido da existência, marcados pelo lúdico e pela beleza, levando o jovem a crer na realidade de seus brinquedos e de suas descobertas.

Voltando à carta do chefe Seattle. No ano de 1854, o presidente dos Estados Unidos propôs a uma tribo indígena comprar grande parte de suas terras, oferecendo em troca a concessão de outra reserva. A resposta do chefe Seattle, distribuída pela ONU, é considerada uma das mais importantes defesas do meio ambiente.

Como é que se pode comprar ou vender o céu, o calor da terra? Essa ideia nos parece estranha. Se não possuímos o frescor do ar e o brilho da água, como é possível comprá-los?

Cada pedaço desta terra é sagrado para meu povo. Cada ramo brilhante de um pinheiro, cada punhado de areia das praias, a penumbra na floresta densa, cada clareira e inseto a zumbir são sagrados na memória e na experiência de meu povo. A seiva que percorre o corpo das árvores carrega consigo as lembranças do homem vermelho.

Os mortos do homem branco esquecem sua terra de origem quando vão caminhar entre as estrelas. Nossos mortos jamais esquecem esta bela terra, pois ela é a mãe do homem vermelho. Somos parte da terra e ela faz parte de nós. As flores perfumadas são nossas irmãs; o cervo, o cavalo, a grande águia são nossos irmãos. Os picos rochosos, os sulcos úmidos nas campinas, o calor do corpo do potro e o homem – todos pertencem à mesma família.

Portanto, quando o Grande Chefe em Washington manda dizer que deseja comprar nossa terra, pede muito de nós.

O Grande Chefe diz que nos reservará um lugar onde possamos viver satisfeitos. Ele será nosso pai e nós seremos seus filhos. Portanto, nós vamos considerar sua oferta de comprar nossa terra. Mas isso não será fácil. Esta terra é sagrada para nós.

Essa água brilhante que escorre nos riachos e rios não é apenas água, mas o sangue de nossos antepassados. Se lhes vendermos a terra, vocês devem lembrar-se de que ela é sagrada, e devem ensinar aos seus filhos que ela é sagrada e que cada reflexo nas águas límpidas dos lagos fala de acontecimentos e lembranças da vida do meu povo. O murmúrio das águas é a voz de meus ancestrais.

Os rios são nossos irmãos, saciam nossa sede. Os rios carregam nossas canoas e alimentam nossos filhos. Se lhes vendermos nossa terra, vocês devem lembrar e ensinar a seus filhos que os rios são nossos irmãos e seus também. E, portanto, vocês devem dar aos rios a bondade que dedicariam a qualquer irmão.

Sabemos que o homem branco não compreende nossos costumes. Uma porção da terra, para ele, tem o mesmo significado que qualquer outra, pois é um forasteiro que vem à noite e extrai da terra aquilo de que necessita. A terra não é sua irmã, mas sua inimiga, e quando ele a conquista prossegue seu caminho. Deixa para trás os túmulos de seus antepassados e não se incomoda. Rapta da terra aquilo que seria de seus filhos e não se importa. A sepultura de seu pai e os direitos de seus filhos são esquecidos. Trata sua mãe, a terra, e seu irmão, o céu, como coisas que possam ser compradas, saqueadas, vendidas como carneiros ou enfeites coloridos. Seu apetite devorará a terra, deixando somente um deserto. Eu não sei, nossos costumes são diferentes dos seus. A visão de suas cidades fere os olhos do homem vermelho. Talvez seja porque o homem vermelho é um selvagem e não compreenda.

Não há um lugar quieto nas cidades do homem branco. Nenhum lugar onde se possa ouvir o desabrochar de folhas na primavera ou o bater das asas de um inseto. Mas talvez seja porque sou um selvagem e não compreendo. O ruído parece somente insultar os ouvidos.

E o que resta da vida se um homem não pode ouvir o choro solitário de uma ave ou o debate dos sapos ao redor de uma lagoa à noite? Eu sou um homem vermelho e não compreendo. O índio prefere o suave murmúrio do vento encrespando a face do lago e o próprio vento, limpo por uma chuva diurna ou perfumado pelos pinheiros. O ar é precioso para o homem vermelho, pois todas as coisas compartilham o mesmo sopro – o animal, a árvore, o homem, todos compartilham o mesmo sopro. Parece que o homem branco não sente o ar que respira. Como um homem agonizante há vários dias, é insensível ao mau cheiro. Mas, se vendermos nossa terra ao homem branco, ele deve lembrar que o ar é precioso para nós, que o ar compartilha seu espírito com toda vida que mantém. O vento que deu a nosso avô seu primeiro inspirar também recebe seu último suspiro. Se lhes vendermos nossa terra, vocês devem mantê-la intacta e sagrada, como um lugar onde até mesmo o homem branco possa ir saborear o vento açucarado pelas flores dos prados.

Portanto, vamos meditar sobre sua oferta de comprar nossa terra. Se decidirmos aceitar, imporei uma condição: o homem branco deve tratar os animais desta terra como seus irmãos.

Sou um selvagem e não compreendo qualquer outra forma de agir. Vi um milhar de búfalos apodrecendo na planície, abandonados pelo homem branco que os alvejou de um trem ao passar. Eu sou selvagem e não compreendo como é que o fumegante cavalo de ferro pode ser mais importante que o búfalo, que sacrificamos somente para permanecer vivos.

O que é o homem sem os animais? Se todos os animais se fossem, o homem morreria de uma grande solidão de espírito. Pois o que ocorre com os animais breve acontece com o homem. Há uma ligação em tudo.

Vocês devem ensinar às suas crianças que o solo a seus pés é a cinza de nossos avós. Para que respeitem a terra, digam a seus filhos que ela foi enriquecida com a vida de nosso povo. Ensinem aos seus filhos o que ensinamos aos nossos, que a terra é nossa mãe. Tudo que acontecer à terra acontecerá aos filhos da terra. Se os homens cospem no solo, estão cuspindo em si mesmos.

Isto sabemos: a terra não pertence ao homem; o homem pertence à terra. Isto sabemos: todas as coisas estão ligadas como o sangue que une uma família. Há uma ligação em tudo.

O que ocorrer com a terra recairá sobre os filhos da terra. O homem não tramou o tecido da vida; ele é simplesmente um de seus fios. Tudo que fizer ao tecido fará a si mesmo.

Mesmo o homem branco, cujo Deus caminha e fala com ele de amigo para amigo, não pode estar isento do destino comum. É possível que sejamos irmãos, apesar de tudo. Veremos. De uma coisa estamos certos – e o homem branco poderá vir a descobrir um dia: nosso Deus é o mesmo Deus. Vocês podem pensar que O possuem, como desejam possuir nossa terra; mas não é possível. Ele é o Deus do homem, e Sua compaixão é igual para o homem vermelho e para o homem branco. A terra lhe é preciosa, e feri-la é desprezar seu criador. Os brancos também passarão; talvez mais cedo que todas as outras tribos. Contaminem suas camas e uma noite serão sufocados pelos próprios dejetos.

Mas, quando de sua desaparição, vocês brilharão intensamente, iluminados pela força do Deus que os trouxe a esta terra e por alguma razão especial lhes deu o domínio sobre ela e sobre o homem vermelho. Esse destino é um mistério para nós, pois não compreendemos que todos os búfalos sejam exterminados, os cavalos bravios sejam todos domados, os recantos secretos da floresta densa impregnados do cheiro de muitos homens e a visão dos morros obstruída por fios que falam.

Onde está o arvoredo? Desapareceu.

Onde está a águia? Desapareceu.

É o final da vida e o início da sobrevivência.

5. DIDÁTICA PARA UM NOVO TEMPO

O que é didática? Arte de ensinar? Arte de educar? Qual a diferença entre *professor* e *educador*?

Na verdade, didática, segundo o dicionário Aurélio (1999), é "a técnica de dirigir e orientar a aprendizagem; técnica de ensino".

Desgosta-me profundamente trazer para a educação a ideia de *técnica*. Técnica, para mim, é coisa de máquinas, não de seres humanos.

Em seu âmago, o ser humano é sempre capaz de criar (no sentido de construir o novo) ou destruir. A energia é a mesma.

O trabalho do educador é fazer que o jovem tome consciência de seu potencial criador ou destruidor. Assim, o educador precisa estar atento à dimensão cada vez mais fundamental de seu trabalho numa sociedade que amplia velozmente seu potencial de criação e destruição.

O jovem, especialmente na adolescência, vive o chamado rito de passagem, quando pode ou não acordar para a amplitude de si mesmo (o mito da Bela Adormecida, entre outros).

Se tomarmos, por exemplo, o mito da Bela Adormecida, podemos metaforicamente considerar o educador o Príncipe que acolhe o jovem. Ocorre, então, a iniciação ou o acordar do educando.

A partir desse *despertar*, o jovem iniciará a *Caminhada* ou o *Tao*, como denominado pelos orientais, particularmente os chineses. Será o andar consciente pela existência, ou seja, o processo de conscientização, como denominado por Paulo Freire.

Assim, a didática deverá, em seu sentido profundo, conduzir o educador à percepção de sua incrível tarefa de *parteiro do segundo nascimento* do jovem!

A *Bíblia* nos fala do *nascer de novo* ou *nascer para o espírito* quando se refere ao despertar profundo do si mesmo no ser humano.

Dessa forma, a didática deverá desenvolver, nos candidatos a educadores, as habilidades de *ver e ouvir* seus alunos com olhos e ouvidos renovados. Há uma frase conhecida da tradição cristã: "Tem ouvidos mas não ouve, tem olhos mas não vê", porém inexiste o "Tem boca mas não fala"...

Na verdade, a expressão verbal, o falar, tem sido a forma predominante de comunicação no processo educativo. Há professores (que não são educadores) que só falam... A didática precisa revelar aos iniciantes a relevância de ver e ouvir o aluno.

De outra parte, as respostas dos alunos são sempre uma repetição das *falas dos professores*. Para ser *aprovados*, eles escrevem o que o professor *quer ler*. Desaparece, então, do ensino tradicional a força arrebatadora do novo, do espontâneo, da criação do aluno. Essa forma *didática* de ensino leva à falta de oportunidades para a criatividade e à pobreza de expressão.

A didática, como arte de ensinar, deve trazer distintas formas de expressão para o aluno, como a poesia, o desenho, a dramatização e outras possibilidades gestadas pelo educador.

É importante notar que qualquer conteúdo trabalhado, em qualquer disciplina, poderá e deverá ser *informado* pela didática aqui brevemente anunciada, pois as várias disciplinas devem ser sempre um pretexto para ligar a sala de aula ao universo e ao sentido profundo da existência humana.

Tal visão do processo educativo é, hoje, objeto de estudo da chamada interdisciplinaridade, ou, como aponta Ubiratan D'Ambrosio, da transdisciplinaridade.

Assim, a retomada dos vários aspectos que envolvem o universo da educação é indispensável para uma didática contemporânea, possibilitando aos futuros educadores questionar as grades e prisões nas quais está encerrada a escola.

Este capítulo visa desvelar os objetivos finais do trabalho que desenvolvo no ensino da didática, qual seja, ensejar ao educando a possibilidade de criar uma saudável utopia para seu caminhar de educador do século XXI.

Transcreverei a seguir alguns trechos de trabalhos de meus alunos de didática, buscando desvelar a forma como a reflexão aqui feita repercute no meio discente.

> O conceito que eu tinha de didática era um conceito errado, achava que didática era uma receita de como dar aula. Foi neste semestre que realmente descobri a pedagogia; hoje sou contra ser "uma babá de luxo", quero ser uma educadora. (A. C. S. S. – segundo ano de Pedagogia – PUC-SP – 2001)

> O que mais desenvolvi ao longo de nossas aulas foi a sensibilidade, que estava perdida – ou, talvez, não fizesse parte da didática para mim. Aprendi a lidar com os diversos sentimentos e personalidades.
> Para que haja uma boa relação entre professor e aluno, é preciso que o professor assuma uma postura de compreensão e saiba lidar com as diferentes personalidades e sentimentos que se apresentam em sala de aula. Lidar com o outro é um mistério, pois cada ser é único.
> Em meu estágio pude verificar como tudo isso está perdido. Os professores tratam os alunos como se todos fossem iguais, com os mesmos sentimentos e expectativas, já vêm com uma receita pronta (ba-be-bi-bo-bu), que é colocada na lousa para os alunos copiarem e corrigirem. Entre gritos, castigos e punições, eles esperam que os alunos aprendam.
> Pude perceber também que o verdadeiro sentido de educar está perdido. É preciso resgatá-lo! Educar não é apenas ensinar a ler e escrever!
> Obrigada pela grande contribuição na minha aprendizagem, por me ajudar a ver que educar é muito mais do que conteúdos, é compreender, sentir e amar! (R. E. C. – segundo ano de Pedagogia – PUC-SP, 2001)

> A didática tem de transcender o espaço, o corpo e alma; enfim, precisa transcender todas as expectativas tanto do professor como do aluno.

A didática deve ser reflexiva, proporcionar a interação do pensar e do agir. Deve ser vista como uma "massa de pão" na qual todos os ingredientes são indispensáveis e o toque das mãos faça que essa bonita massa tenha liga, não ficando partículas perdidas ou isoladas. É preciso que o aluno cheire, toque, sinta, prove, experimentando aquilo que lhe foi preparado com tanto afeto. (V. C. P. – segundo ano de Pedagogia, PUC-SP, 2001)

Como relatei em ocasiões anteriores, fiquei bastante irritada e incomodada com o curso de Didática no começo do ano, até o dia em que resolvi refletir sobre o que me incomodava tanto. Foi então que fiz uma descoberta bastante dolorosa: eu não sabia quem era, do que gostava, o que esperava da vida ou onde queria chegar. Até ali, eu era a pessoa que os outros esperavam que eu fosse; não incomodava ninguém. O pior de tudo foi aceitar essa consciência e tentar resgatar o tempo perdido. O primeiro passo foi tentar me conhecer, saber o que me faz feliz e quais são os meus objetivos de vida. [...] Acho que já fiz alguns progressos, pois hoje percebo que começo a incomodar algumas pessoas; não que isso seja um requisito básico para ser você mesma, mas quando, em seu ambiente de trabalho, você combate e questiona sistemas e instituições as pessoas tentam te derrubar, enquadrá-la novamente na estrutura. Porém, hoje consigo argumentar com propriedade e fundamentação, o que para mim é um avanço. (R. M. A. F. – Pedagogia – PUC-SP, 2001)

Cada vez mais o conceito de didática se afasta da ideia de métodos e se aproxima de algo maior que não cabe em palavras. Transcendendo o conceito, abrangendo mais que as ideias, didática é experiência.

Antes de qualquer estratégia, a base da didática é a relação. Educador e educando se olham, se percebem e se descobrem. Se não houver esse olhar, qualquer método ou conteúdo, qualquer tentativa será em vão. É necessário conhecer o ser humano com quem me relaciono para que haja a possibilidade de criar e construir.

A educação nada tem que ver com imposição. Inversamente, ela acontece quando o aluno possui seu espaço. Conhecedor de si, ele tem curiosidade, sente necessidade, quer descobrir; ele cria, se perde, se acha e, primordialmente, sente prazer.

O educador não pode se posicionar como *professor*. Ele deverá atuar como espectador apaixonado que assiste e estimula. E, com seu olhar externo e acolhedor, verá o aluno e apenas indicará direções que o educando ainda não percebeu (o aluno não é seu, é de si mesmo).

O educador nunca deverá dizer: "É por ali", "É isso", e sim colocar o aluno em questão. Nada é transmitido, os conhecimentos são construídos. O educando tem de construir, e o educador jamais deverá facilitar esse processo. Sua ação é necessária para a possibilidade de construção conjunta.

A aprendizagem é um processo solitário/grupal, delicioso/doloroso. O educador deve dar a liberdade necessária ao aluno, para que ele se torne autônomo por intermédio da rebeldia e da depressão, não transforme sua atitude em ausência. Ele deve ser presente, nunca de forma autoritária ou castradora.

Toda didática procura a relação educador-educando e a relação educando-educando. (Relações sinceras, não há como estabelecer regras ou formas, o que guiará o educador no contexto é a percepção, a sensibilidade.) É muito importante que nesse processo grupal de aprendizagem os educandos compartilhem conhecimento, pois assim, sem perder a individualidade, reconhecerão a si mesmos e ao outro. Amar a si, amar o outro, compreender, ajudar e pedir. Essa relação inerente a todo ser humano nada tem que ver com o moralismo da instituição católica. A relação humana envolve dor, aceitação, descoberta, raiva – e nos amplia. Amplia nossa força. A consciência global (homem-homem, homem-natureza e homem-sociedade) é extremamente necessária para a construção da relação do indivíduo com o todo. Essa consciência destruída pela racionalização fragmentada deve ser entendida e praticada em busca da ética.

O espaço parte do vazio. Em círculo os alunos podem se olhar, no vazio existe liberdade para criar. A utilização do espaço é de vital importância para a experiência que resultará no conhecimento. O espaço comumente se restringe à sala, os alunos saem de acordo com as necessidades apresentadas. Para aprender Biologia, o jardim; respirar Biologia. Para Química, a cozinha; comer a Química. Estar na Geografia, sentir a Física, ser a História. Museus, exposições, favelas...

O planejamento da aula deve atentar-se à melhor forma de dar espaço para os alunos criarem. Qualquer estudo prévio da aula é importante e necessário para que o professor não se perca, para que se prepare, permitindo aberturas para suprir outras necessidades surgidas durante o processo.

O conteúdo está relacionado com a curiosidade que o ser humano tem em determinado momento da vida. A criança quer correr, brincar, dançar, e suas vontades não devem ser ignoradas, pois são o ponto de partida para a vontade de aprender. Em certo momento a escrita é introduzida, e é a partir da necessidade gerada pelo desenvolvimento interno e da socialização que o professor saberá o momento correto. Isso ocorre com todos os conteúdos. O educador deve conhecer os alunos individualmente para compreender os obstáculos possíveis a determinados conteúdos, criando estímulos para que estes façam sentido. Qualquer educando vivo não quer saber de nomes e datas. A disciplina deve estar relacionada com a realidade dos alunos, que precisam ter a percepção de sua totalidade.

O momento crucial – independentemente de toda a preparação – no qual o professor deve ter atenção total e íntegra disponibilidade é o seu encontro com os educandos, quando todos caminham com um objetivo em comum: aprender. Ser.

A criatividade do professor é necessária para que a criatividade do aluno seja instigada e desenvolvida. Nada de ídolos. A aula não é o espetáculo do professor, a aula é a arte do aluno. O aluno é criador, artista de si, do mundo.

Parafraseando Drummond, "enlou-cresça". Ainda assim, sendo em vão tentativas linguísticas, nos silenciemos diante do contato humano. (L. C. M. – Pedagogia – PUC-SP, 2001)

6. ESTRATÉGIAS DIDÁTICAS PARA O ATO DE EDUCAR

O ato de educar perdeu-se com a mesmice e gestou a "escola bancária".

A vinda da tecnologia apenas *enfeitou* a mesmice.

Claro que a tecnologia poderá ser relevante, desde que seja resgatado o *ato de educar*.

Educar não será nunca "passar aos alunos a sua verdade" ou "os conteúdos que você domina". Educar é despertar a profundidade do aprender de cada aluno.

Esse aprender vincula-se à alegria e ao prazer, como Rubem Alves reiteradamente insiste em sua vasta obra. No artigo "Sobre moluscos e homens", publicado na *Folha de S.Paulo*, ele diz:

> Os ditos "programas" escolares se baseiam no pressuposto de que os conhecimentos podem ser aprendidos numa ordem lógica predeterminada. Ou seja: ignoram que a aprendizagem só acontece em resposta aos desafios vitais que estão acontecendo no momento (insisto na expressão "no momento"; a vida só acontece "no momento") da vida do estudante. Isso explicaria o fracasso das nossas escolas. Explicaria também o sofrimento dos alunos, a sua justa recusa em aprender, a sua alegria ao saber que a professora ficou doente e vai faltar...

Essa colocação de Rubem Alves contém o âmago da significação da perda de sentido do *ato de educar*.

Perdeu-se o vital contato entre o educador e o aluno que permitiria a comunicação no *momento* referido por Alves. De alguma forma, quando trato do *agora em sala de aula*, também estou me referindo a esse momento.

Na verdade, o *ato de educar* nasce do profundo encontro do educador com seus educandos, e a oportunidade para tanto surgirá de algumas estratégias que passarei a mencionar, deixando claro que são apenas umas tantas dentre outras possíveis.

O espírito de tais estratégias está na abertura de um contato pessoal do educador com cada aluno, distinto do *estar com a* classe.

A primeira estratégia diz respeito a uma atividade que denomino *namorar livros* e implicará a vinda para a sala de aula de um número de livros ligeiramente superior ao número de alunos. Claro que a biblioteca da instituição deverá colaborar com a atividade, mas em classes pequenas o próprio educador poderá trazer as obras escolhidas, como tantas vezes tenho feito.

A vinda dos livros tem vários objetivos educacionais, sendo o primeiro deles aproximar os alunos de autores importantes para a disciplina trabalhada pelo educador. O aluno deverá *namorar* os vários livros e selecionar pelo menos três trechos de diferentes obras, atendendo a questões trazidas pelo educador, aproximadamente na seguinte linha:

a) Qual o trecho mais significativo? Por quê?
b) Qual o trecho mais vinculado a uma transformação na educação (ou na área trabalhada pelo educador)? Por quê?
c) Qual o trecho mais significativo para o momento da classe? Por quê?

O *namoro* dos alunos pode demorar mais de uma aula, dependendo do tempo destinado à disciplina. O educador participará da atividade acompanhando pessoalmente as escolhas e indicando textos análogos e alguns já escolhidos – ou comentando o sentido de certas escolhas.

Para tanto, iniciará diálogos com os vários alunos, buscando conhecê-los melhor com base nas escolhas feitas.

De outra parte, após a realização da tarefa o educador comentará, por escrito, com cada aluno, as várias escolhas feitas, ensejando amplo debate com a classe toda.

Minha experiência tem revelado ser grande o número de alunos que terminam essa atividade adquirindo o livro escolhido, em particular o que lhe pareceu pessoalmente significativo. O educador deverá trazer uma variedade de autores que façam abordagens alternativas dos temas trabalhados, para permitir uma abertura maior da pesquisa.

Outra atividade docente que aproxima o educador dos alunos de forma prazerosa é pedir, depois de estudar um tema ou assistir a um filme, que os alunos escrevam um poema e/ou façam um desenho significativo daquilo que aprenderam.

Se a opção for pela poesia, ela deverá ser mostrada a toda a classe, com leitura apropriada feita pelo autor ou pelo próprio educador.

Se a opção for pelo desenho, os alunos, em círculo, deverão tomar cada trabalho e, na sequência, contar uma história inspirada no desenho, que será continuada pelo colega ao lado.

O educador também participará da história, excetuando-se apenas o autor do desenho – que, ao final, dirá da relação (ou não) da história com aquilo que ele quis expressar. A atividade aproxima toda a classe e, além de lúdica, revela pelo teor das histórias as várias interpretações oriundas do tema estudado ou do filme assistido.

Outra estratégia interessante para o início das atividades docentes e para um vínculo maior com a classe diz respeito à distribuição, pelo docente, de textos ligados direta ou indiretamente aos conteúdos do curso. O aluno deverá escolher um texto para si. Feita a escolha, comunicará à classe as suas razões, e assim sucessivamente. Teremos, assim, uma forma de abrir discussões variadas sobre a temática principal da disciplina. Encerrada a aula, o docente pedirá que cada aluno traga, na semana seguinte, uma carta dirigida ao autor do texto falando sobre a importância que este teve para si e o que ele aprendeu.

O importante de tais atividades, ou de outras análogas, é permitir uma vivência conjunta da classe naquele *momento*, criando uma cumplicidade entre professor e aluno que tornará significativa a sequência do curso.

Espero que tais exemplos tenham desvelado o sentido que vislumbro no *ato de educar*. Este deverá sempre significar uma profunda vivência professor- aluno dentro do universo da disciplina e situar tal disciplina no concerto maior do saber.

Quero terminar este capítulo insistindo na questão do *momento*:

O momento é sempre mágico
Fruto de incrível sincronicidade
Nem sempre percebida
Mas sempre reveladora do sentido

Esse sentido é sempre revelador de nossa identidade
Nossa presença, a cada momento, também não é destituída de sentido
Ao contrário
Nosso vínculo, com o em torno de si
Dependerá sempre de nosso nível de atenção
Ao momento...

Essa atenção revelará sempre o sentido de nossa existência
E o traço a ser deixado no momento que passa
Como o artista que gera a beleza
Deixaremos nossa marca no outro pelo acolhimento possível

Esse acolhimento é o mistério do ato de educar
Que é também ato de acolher...

7. O AGORA DA SALA DE AULA

O *agora da sala de aula* precisa ser resgatado.

Em primeiro lugar, a forma como professor e alunos se situam no espaço da sala de aula. Apesar das óbvias vantagens da formação em círculo para melhor interagir, ainda temos escolas que mantêm o velho sistema de carteiras enfileiradas no cotidiano escolar.

A possibilidade de que todos possam se olhar e ensejar uma participação ampla na relação professor-aluno e aluno-aluno força-nos, hoje, a apontar o trabalho em círculo como forma didático-pedagógica mais significativa.

Além da melhor utilização do espaço, viver o agora implica uma permanente comunicação dos olhos entre os circunstantes. A comunicação pelos olhos antecipa sentimentos e emoções presentes na comunicação verdadeira. Além do olhar, abre-se a possibilidade do verdadeiro ouvir.

As pessoas situadas frente a frente ficam mais predispostas a ouvir. E quando se ouve olhando nos olhos surge a verdadeira comunicação: situamo-nos no eterno presente!

O pior numa sala de aula são o isolamento e o distanciamento entre os participantes do processo educativo. A sala de aula montada em círculo permite um encontro verdadeiro dos participantes.

Além disso, o *agora da sala de aula* exige a vinda de um conteúdo significativo para o presente. O educador deverá sempre se perguntar do vínculo entre a matéria estudada e o momento vivido no aqui-agora.

Tratando-se de uma disciplina como Matemática, o vínculo com o presente deverá ser trazido pelo desenvolvimento do raciocínio que determinada reflexão produzirá. Ainda: que caminhos se abrem para a pesquisa com o aprendizado de certas linhas de cálculo?

Enfim, o fundamental é eliminar a vinda de um conteúdo, qualquer que seja, sem seu vínculo com o sentido maior da vida.

Outro aspecto importante do *agora da sala de aula* é a ênfase no assunto que eventualmente tenha preocupado os alunos. Ou seja, se alguém próximo da comunidade faleceu, dedicar cinco minutos a comentar sobre a vida do morto e o sentido da morte. Da mesma forma, se algum acontecimento político relevante predomina na cabeça dos alunos, comentá-lo antes de iniciar a aula propriamente dita.

Tal vínculo da sala de aula com o *mundo-vida,* como denominado por Paulo Freire, situa a sala de aula e a escola no eterno presente.

Ao final dos trabalhos, é interessante abrir sempre uma oportunidade para perguntas, questionamentos e dúvida dos alunos. O educador deverá ser dos primeiros a chegar e dos últimos a deixar a sala de aula, permitindo, dessa forma, questionamentos pessoais de alunos.

Entendo que tal visão interativa de sala de aula é hoje indispensável num universo em que as comunicações se ampliam velozmente. É necessário que os alunos percebam que a comunicação presencial não poderia ser substituída por qualquer tecnologia. O contrário dessa postura leva o corpo discente a achar que o educador não é necessário em sala de aula, podendo-se admitir facilmente a prevalência de um sistema do ensino a distância. Para que o educador se não há verdadeira educação?

De outra parte, o círculo para trabalhos educativos impedirá ou dificultará o pernicioso uso de celulares ou de outros sinais sonoros, pois fica evidente a quebra da comunicação grupal produzida. Nas condições tradicionais de carteiras enfileiradas, não só se facilitam o distanciamento e o alheamento dos alunos, como se enseja o uso dos celulares e equivalentes. (Claro que a utilização desses aparelhos deverá ser sempre vedada em sala de aula.)

Assim, manter uma vivência que denomino de *eternidade do agora* implica uma ação educativa consciente e significativa na qual as atividades são amplamente presenciais e participativas.

É evidente que, em momentos de trabalho grupal, o círculo maior deverá desdobrar-se em círculos menores, e para assistir a um vídeo a classe se disporá de outra forma.

O fundamental é que o educador não fique indiferente à conformação adotada pelos alunos em classe, mas, ao contrário, sinta-se responsável pelas disposições internas e pelos movimentos do corpo discente.

Dito de outra forma, assim vemos a presença em sala de aula:

Presença

Perceber a sutileza do estar presente
É constatar a importância da mobilização dos sentidos
E da atenção ao momento que passa
E da força única do amor daí resultante

Vejo a tarefa contínua do crescimento nesse sentido
Crescimento pessoal
E consequente crescimento no plano social
Lento e imperceptível, tantas vezes...

Olhar o tempo que passa como fragmento de eternidade
Como parte de um sentido maior
Onde nos inserimos, além da imagem refletida
Onde o mistério se faz presente

Somente nos é dada tal percepção quando intuímos a presença
Quando sabemos quem somos
Quando mergulhamos na plenitude do existir
No milagre do instante que passa

As infinitas possibilidades do agora
Transformam a passividade
O comodismo
A morte...

Morrer é percebido como sendo o eterno renascer
Quando não haverá instante a ser ultrapassado
Nem mais mobilização dos sentidos
Permanecendo o puro ser

Aquele que olha pelos nossos olhos
Pura consciência
Crescida ou não
Com mais ou menos luz

Assim, viver é trazer mais luz,
Mais amor
Numa permanente
Vinda do mais dentro.

8. PRÉ-ESCOLA: A PREPARAÇÃO PARA OS VESTIBULINHOS...

A denominação *pré-escola* seguramente vem sendo desvirtuada, até mesmo etimologicamente. Na verdade aquilo que vem *antes da escola* não pode significar a adoção de práticas estritamente escolares, do contrário já seria a própria escola...

A criança antes dos 7 anos precisa prioritariamente brincar. Aquilo que já abordei em capítulo anterior sobre o sentido lúdico há que se reforçar para meditarmos sobre a *pré-escola*.

As crianças precocemente vêm sendo *preparadas* para fazer *vestibulinhos* de escolas tradicionais. Assim como, precocemente, vêm recebendo da mídia uma sensualidade descabida para o universo infantil.

São as bonecas vestidas de *mulherzinha* e os programas de televisão que tentam vender seus produtos sem qualquer atenção para a formação, neste caso, da menina. Para os meninos são as infindáveis armas e os jogos de guerra! Que mundo estamos semeando entre aqueles que buscam a alegria e o prazer de *descobrir a vida*?

Lamentavelmente, a *pré-escola*, que deveria investir no sentido profundo do lúdico e do brincar, preocupa-se – antes da hora – com a alfabetização e com outros conteúdos inoportunos para aquele que busca o encantamento da vida.

Steiner, em sua vasta obra, refere-se expressamente à importância do educador da pré-escola, que deveria ser equiparado em todos os sentidos aos demais educadores. Em sua obra *A arte da educação*, afirma: "Um cancro da organização escolar até agora consiste no fato de se haver mantido o professor das classes inferiores pode-se dizer numa certa dependência, isto é, numa esfera que fazia sua existência desvalorizada em relação à dos professores de classe: superiores" (2003, p. 40).

É deveras notável que isso tenha sido escrito no início do século XX!

Continuamos mantendo uma situação em que o professor da pré-escola é visto como uma espécie de *babá de luxo* e a alternativa oferecida é *enquadrar* a criança no sentido de alfabetizá-la e torná-la equiparada aos alunos do ensino fundamental. É como se a pré-escola fosse inútil ou sua única utilidade fosse preparar as crianças intelectualmente para o ensino fundamental.

Na verdade, são poucas as escolas, além daquelas vinculadas à Pedagogia Waldorf, que se debruçam sobre a infância como um momento privilegiado de descoberta para as crianças!

Rudolf Lanz, em seu livro *A pedagogia Waldorf – Caminho para um ensino mais humano*, afirma: "O adulto que só dá valor às atividades conscientes e intelectuais tende a desprezar a infância, considerando-a uma fase preparatória, de brincadeira e de vida irresponsável" (1994, p. 44).

Na verdade, há uma fantástica riqueza a ser desvelada para a criança a respeito do mundo em que ela vive, os sentimentos que desabrocham e o encantamento de *estar viva*.

A criança deveria, nesse período, conviver com seus pais e irmãos, e o chamado *jardim de infância* (expressão mais adequada que pré-escola), já que é inevitável hoje em dia, quando os pais trabalham, deveria significar *um segundo lar*.

Segundo Lanz (1994, p. 109), na obra já referida:

> Em princípio, o grupo de jardim de infância deve ser uma reprodução da família: uma unidade fechada, com seu ambiente próprio, sob a direção de uma ou duas orientadoras (as mesmas durante um longo período). As crianças não deveriam ser todas da mesma idade. Esta deveria variar de 4 a 6 anos e meio, como numa família, onde há irmãos maiores e menores.

Os grandes têm, neste caso, responsabilidade e tarefas mais amplas, inclusive zelar um pouco pelos menores. Cada grupo deve ter sua salinha com seus brinquedos e, no jardim, pequenos obstáculos, morros, árvores, balanços, gangorras. O dia é dividido em períodos de várias atividades, onde não devem faltar inúmeros pequenos deveres distribuídos entre os alunos: regar plantas, arrumar a sala, preparar a mesa para o lanche, guardar brinquedos. Tudo isso sem constrangimento.

Tem-se aí a visão totalmente distinta das preparações hoje existentes nas pré-escolas, em que o aluno é submetido – absurdamente, diga-se – a vestibulinhos nas chamadas *melhores escolas*.

Costumo partilhar com meus amigos, e hoje o faço com meus leitores, que tenho a felicidade de ter 13 netos. É um bom número, sem dúvida. Pois bem, a diferença da *alegria de viver* presente naqueles que são educados em escolas Waldorf é algo notável! Inexiste preocupação com provas, notas, aprovações.

Poderiam, os que não concordam com meu ponto de vista, argumentar que "a vida exige vestibulares, provas etc.". Porém, já não me referindo a meus netos, mas sim a meus alunos na universidade oriundos de escolas Waldorf: eles não só passam nos vestibulares (a maioria sem cursinho) como são alunos maduros e preparados para o momento da universidade!

Há uma preparação para a vida que ultrapassa a visão reducionista de ser humano peculiar à chamada escola tradicional, que somente distingue em seus alunos um cérebro a receber informações ou um intelecto a ser desenvolvido. Poucas escolas buscam outras dimensões além das acima mencionadas. Como já citei nesta obra, o espaço das artes é o mínimo possível e os chamados valores humanos limitam-se frequentemente aos princípios de obediência e respeito aos professores.

Evidentemente, reconheço a presença hoje, no meio educacional, de outras escolas, além das vinculadas à Pedagogia Waldorf, que buscam trabalhar em linhas convergentes com o que aqui sustento.

De outra parte, para que fique claro meu posicionamento, não desprezo os valores existentes relativos ao desenvolvimento intelectual, ao respeito aos professores ou à existência de formas de avaliação (tema que adiante abordarei), porém busco trazer uma abertura para outros aspectos da educação.

Assim, a pré-escola ou o jardim de infância (termo que gostaria de ver resgatado) deve se debruçar sobre a criança de forma mais ampla. Deve cuidar dela como um ser físico (ou seja, um corpo a ser desenvolvido), um ser emocional (implicando lidar com seus sentimentos) e um ser espiritual (abordando a magia e o mistério que nos distinguem de coelhos).

Quando me refiro à dimensão espiritual, não falo de vínculos com uma religião particular, o que dirá respeito exclusivamente à família, mas sim a uma dimensão, hoje reconhecida pela ciência, que faz parte da vida humana (aprofundarei o tema em outro momento).

Para encerrar este capítulo, tentarei dizer de outra forma o que afirmei até aqui:

Há uma ação universal
Que se perde no tempo
Que converge para a união
Dos átomos, células, tecidos...

É a matéria que se organiza
Ganha forma
Manifesta-se
Cada vez numa maior integração

As transformações ocorridas no caminho da união
São inexoráveis
Cada vez de maior complexidade
Em suas formas e ações

Surge o homem
Também com incrível complexidade orgânica

E com a desafiadora capacidade que nasce da consciência crítica:
O saber-se vivo!

As transformações começam a ser conduzidas conscientemente
As formas começam a ganhar mais beleza com o gesto humano
A alegria, a harmonia e a paz podem resultar
Dessa nascente consciência

Há uma condição para essa convergência de mais vida:
O voltar-se dessa nascente consciência para o sentido profundo
de sua própria vida
O sentido de sua integração, desde o microcosmo,
Até a dimensão plena do universo

Esse voltar-se para a vida
Esse movimento para a união
Essa convergência sincrônica com o movimento de integração universal
Chama-se amor

Esta é a tarefa fundamental de um jardim de infância:
Acolher a criança
Acolhê-la compassivamente
Como num segundo útero

Respeitar aí os movimentos próprios da infância:
O brincar, o cantar
O descobrir
O movimentar o corpo...

Contar, então, histórias
Histórias de vida
De outras crianças
Histórias do universo

Fazer a criança descobrir o outro
O diferente

Sem preconceito
Num movimento criador e criativo...

Assim permitir seu desabrochar
Sem pressas ou pressões
Respeitando o momento
Pleno de inocência e ternura...

Essa a tarefa do educador:
O segundo parteiro
Que fará nascer de novo
Aquele que acolheu...

9. O CONTEUDISMO

A expressão *conteudismo* desvela a essência da educação denuncia-da um dia por Paulo Freire e hoje por Rubem Alves.

Trata-se de uma *doença da educação* que imagina conseguir frag-mentar a vida em partes cada vez mais isoladas em si mesmas.

Assim, as distintas disciplinas apresentam seus conteúdos *claramen-te* separados do restante do conhecimento. Tal visão do processo educa-tivo significa o avesso da interdisciplinaridade ou da transdisciplinarida-de, que buscam apontar para a inter-relação de todo o conhecimento.

Curiosamente, é ainda uma vez a Física que vai nos apontar para o fundamento dessa visão interligada da vida e do universo.

Em sua obra *O ponto de mutação*, Fritjof Capra diz que a essência de toda a matéria conhecida é uma *probabilidade de conexões*, insistindo no mistério de existir matéria sólida em qualquer nível!

O ser humano nasce nesse universo de *probabilidade de conexões* e depara com *conexões* já *prontas*: é toda a natureza, com seus infindáveis corpos vegetais, animais, minerais... incluindo nosso corpo físico. Dian-te dessa magia, o ser humano, através dos tempos, espantou-se com a beleza desvelada, como o fez o chefe Seattle no texto aqui transcrito, ou mesmo *divinizando* certos aspectos dessa mesma natureza.

A evolução de nossa consciência, como bem situou Teilhard de Chardin em sua obra, indicou, no século findo, uma visão inteiramen-te nova de vida e de universo.

Assim é que a ciência, segundo Chardin, "após percorrer longamente o caminho da análise chega finalmente à luminosa síntese", e nos situa diante não só da beleza fantástica da vida em seus aspectos microscópicos, como também da magia do bigue-bangue e da harmonia entre o macro e o microuniverso que se desvela diante de nós.

Tal visão de complexidade, como aponta Edgar Morin, implicará a superação da visão estritamente conteudista do processo educativo para trazer aos alunos a clareza do caminho já percorrido e da inter-relação de toda a vida conhecida.

Mais ainda, a consciência de que existem *probabilidades de conexões* deverá nos conduzir crescentemente para o domínio das artes com a clareza de que poderemos produzir novas conexões com as tintas ao pintar um quadro, com a argila ao criar uma peça, com as palavras ao fazer uma poesia, e assim por diante... É o ser humano produzindo novas conexões, produzindo beleza, como já o fez com a *Monalisa* e tantas outras obras de arte.

É por isso que a Pedagogia Waldorf desde seu surgimento insiste na relevância da presença das artes no ensino, com o mesmo espaço destinado a outros conteúdos.

A criança precisa saber que sua presença diante da vida será sempre um compromisso com as novas conexões e, portanto, com a beleza.

Claro que deveremos formar os distintos profissionais das diversas áreas do conhecimento, mas todos – sim, todos – imbuídos desse sentido profundo, dessa visão interligada da vida, pois a beleza pode e deve se fazer presente em qualquer atividade humana.

Não pensem que estou atribuindo qualquer desimportância à ciência. O conhecimento oriundo dos avanços da ciência e traduzido nos diversos conteúdos não pode ser confundido com a ideia de *conteudismo*.

Fique claro que o conteudismo é uma forma de apresentar os conteúdos e não uma desqualificação deles.

É importante fazer tal distinção de maneira precisa, pois uma das críticas destinadas à nova visão de educação é que haveria menosprezo aos conteúdos e, consequentemente, um despreparo, seja para eventuais vestibulares, seja para a própria formação profissional.

Ora, a visão interligada aqui sustentada apenas pretende a busca permanente do sentido da significação dos conteúdos à luz do *saber maior*.

O prazer deve acompanhar incessantemente o ensino de qualquer matéria, daí a importância de a produção da beleza – a arte – se fazer presente no cotidiano escolar.

Dito em outra linguagem, temos o seguinte texto:

Acordar para a ciência
Percebê-la ligada à vida
Sua particular beleza
Seu sentido no cotidiano de quem aprende.

Essa imensa tarefa de educar.
Trazer ao jovem aprendiz
A revelação de seu potencial para a magia
Do transformar

Cada lição, a cada aula,
Deve ser percebida como a ferramenta
De tal transformação
Que irá mudar o aprendiz, e a vida a seu redor.

Assim desvelar o sentido único da existência,
O lúdico, presente ao ato de educar,
O prazer, do ato de aprender,
Deverá ser a permanente meta do educador.

10. O DESAFIO DAS AVALIAÇÕES

Avaliar é talvez a tarefa mais desafiadora do processo educativo.

As duas energias que mais comprometem o desenvolvimento do jovem são a culpa e o medo. Ora, com frequência o sistema avaliatório gera tais energias no corpo discente, na medida em que anatematiza o erro.

Errar é caminhar: o errante é aquele que caminha. Hoje se sabe que é com o erro que o jovem pode abrir as portas do aprendizado. Aluno com medo de errar tem medo de aprender...

Assim, o medo de errar e a consequente culpa imposta levam o aluno a um processo de angústia e depressão que costuma terminar nos consultórios de psicólogos.

Basta o sistema patriarcal imperante nas instituições sociais como as igrejas, a família ou na mídia; a educação deveria ser o espaço de consciência e libertação do jovem dessa tradição majoritariamente autoritária.

Ao contrário, como temos observado, a maior parte das escolas endossa o patriarcalismo e *prepara* o jovem para a sociedade competitiva que o aguarda.

Comentarei ainda nesta obra a questão da presença do feminino, tão vital para esse momento de transformação que estamos vivendo.

De qualquer forma, o sistema avaliatório atual é peça-chave na engrenagem patriarcal da escola tradicional.

É importante avaliar? Claro, mas nunca avaliar por intermédio de números ou pela mera indicação de *erros*. É preciso que, por meio da avaliação, o educador inicie um diálogo individual com o aluno, fazendo-o sentir-se pessoalmente acolhido e ao mesmo tempo incitando-o a fazer dos eventuais erros o caminho para o aprendizado. A avaliação precisa ser descritiva, dialogada, sem qualquer conotação humilhante ou repressora.

A Pedagogia Waldorf não é mais a única a avaliar de forma descritiva. Sei que outras escolas vêm abolindo a tradicional avaliação de provas e notas, introduzindo a chamada avaliação permanente, por intermédio da qual o aluno percebe que todos os momentos de seu curso são vitais. Não se tratará nunca de *estudar para a prova*, mas sim de estudar o tempo todo e crescer no diálogo pessoal desenvolvido com o educador.

Já comentei, no capítulo relativo ao ato de educar, algumas estratégias vitais para o processo avaliatório. O aluno deverá sempre ser conduzido pelo prazer de aprender, seja ao redigir um texto, no qual não há *certo e errado*, seja ao produzir um poema ou desenho para expressar como sentiu um filme ou um conteúdo trabalhado.

Os educadores deverão criativamente utilizar, por exemplo, os subsistemas a que me referi no capítulo da interdisciplinaridade para provocar no aluno reflexões amplas sobre determinado conteúdo.

Enfim, a avaliação deve ocorrer durante todo o processo de ensino-aprendizagem, mas nunca concentrar-se numa *semana de provas* ou marcada pela estigmatização dos *alunos nota baixa*.

Rubem Alves, em seu já referido artigo "Sobre moluscos e homens", afirma: "[...] Sem excitação, a inteligência permanece pendente, flácida, inútil, boba, impotente. Alguns há que, diante dessa inteligência flácida, rotulam o aluno de 'burrinho'... Não, ele não é burrinho. Ele é inteligente. E sua inteligência se revela precisamente no ato de recusar-se a ficar excitada por algo que não é vital".

Alves tem toda razão! Se o ensino for repetitivo, fragmentado e, portanto, sem vínculo com a vida, o aluno não conseguirá *acordar* para o prazer de *aprender*. Como avaliar um ensino que é empurrado goela abaixo? Somente os medíocres podem aceitar tal proposta. Eu diria que é por falta desse despertar – ou da *conscientização,* como afirmava Freire – que o sistema educativo se revela tão frágil.

Assim, o sistema avaliativo deverá estar intrinsecamente vinculado a toda a dinâmica do sistema de ensino-aprendizagem, sem qualquer ênfase ou momento particular de avaliação. Avalie-se o processo e não a prova e, ainda assim, de forma descritiva e dialogada sempre.

Algumas escolas transformaram os números em conceitos para atenuar o aspecto "bancário" da educação. Porém, já pude observar que tais conceitos rapidamente são distorcidos e que o conceito "A" ou "B" acabam findando em A+ ou B+ e assim por diante, equiparando-se aos números.

Uma aluna do curso de didática na PUC assim colocou a questão:

> Refleti que a avaliação deve vir em momentos certos, deve ser feita de maneira correta, e que notas numéricas não levam a uma avaliação justa, mas somente a estigmatizar as pessoas – e isso é horrível, totalmente antiético! Afinal, se a criança tira 9 numa prova, não significa que ela tenha aprendido 90% da matéria, nem que seja mais inteligente que outra que tenha tirado 4. (D. O. – Pedagogia – PUC – 2001)

Para concluir, convém examinar a questão delicada da *reprovação*. Em que casos deverá um aluno ser reprovado? Eu diria que excepcionalmente. Costumo resgatar o trabalho que venho realizando em minha docência, no que tange a essa questão.

Claro que tenho alunos que não respondem, como a maioria, à expectativa que tenho quanto aos objetivos do curso. São alunos que deixam de fazer trabalhos ou faltam em demasia. Nesses casos, deixo-os sem avaliação final e os considero reprovados por faltas.

Essa postura normalmente é seguida pela vinda do aluno faltante ao meu encontro: "Ruy, eu fiquei sem nota e ainda consta que estou reprovado por faltas..." Nesse momento, indago dos trabalhos não rea-

lizados e/ou das faltas havidas. A resposta é variada e cheia de descul-
pas. Então sugiro ao aluno que leia nas férias um livro determinado
que apresente, ao menos em parte, o conteúdo desenvolvido. Na sequência, ele pergunta: "Faço então um trabalho sobre o livro?" Digo
que não. Que ele me procure depois das férias e da leitura do livro.

Boa parte desses alunos lerá a obra por inteiro pela primeira vez e
nosso diálogo será então bastante valioso para seu crescimento. Claro
que alguns simplesmente fogem e ficam então reprovados, mas são
raros em minha docência.

Estou aqui me referindo ao trabalho docente no ensino superior.
Claro que, no ensino fundamental e médio, as formas de agir serão
distintas. Contudo, entendo ser mesmo excepcional a reprovação de
um aluno.

De outra forma poderíamos dizer:

Avaliar
Buscar no mais dentro
A forma de dizer do caminho do aluno
De seu erro ou de seu acerto...

Somos todos errantes
Buscamos profundamente o mistério de nós mesmos...
Assim erramos...
Para encontrar o caminho...

O educador é o irmão mais velho...
"Erra há mais tempo"
Começou a descobrir que "o sábio sabe que nada sabe"...
E então buscará seu aluno nos primeiros passos de errante...

Conduzir o jovem a descobrir a fonte interna do saber
A perceber a magia de estar vivo
A beleza que tudo permeia
É a tarefa do educador...

Assim avaliar e acolher
É dizer do sentido do caminhar juntos
Do sentido do eterno aprender
Sempre atentos à eternidade do momento presente...

11. PRINCÍPIOS DA PEDAGOGIA WALDORF ASSIMILÁVEIS POR OUTRAS ESCOLAS

A Pedagogia Waldorf apresenta algumas características que vêm sendo assimiladas com êxito por escolas que não adotam estritamente a metodologia proposta por seus seguidores.

Uma delas diz respeito à questão das disciplinas por época. Tal proposta prevê o trabalho no ensino fundamental de um conteúdo ou disciplina por vez.

Dessa forma podemos ter, por exemplo, a semana da Matemática, outra da História e assim sucessivamente. Isso não significa que apenas uma disciplina ou um conteúdo seja examinado em tais semanas, pois trabalhos de natureza artística são permanentemente realizados e deverão, na medida do possível, acompanhar o conteúdo da época.

Assim, os alunos encontrarão formas originais de expressar o que estão aprendendo, visando a uma compreensão mais ampla da matéria estudada. Em algumas escolas em que trabalhei a reciclagem de professores, verificaram-se dificuldades de vincular um único professor durante uma semana, visto que os docentes trabalhavam em outras instituições de ensino. Assim, o que foi proposto e tentado, com êxito, foi estabelecer ao menos a manhã de Matemática, de História e assim por diante, com a inserção diária de aulas de iniciação artística, vinculadas ao conteúdo daquele dia.

Claro que o ideal dessa metodologia é permitir começo, meio e fim de um conteúdo estudado, criando o que a Pedagogia Waldorf denomina de *época da disciplina*.

O objetivo reside exatamente em permitir que o aluno possa percorrer, sem dispersões, a profundidade de uma matéria estudada que já findará sendo avaliada após o percurso feito. Por outro lado, a inserção das artes visa ampliar a visão do aluno para a aplicação do conteúdo estudado e, ao mesmo tempo, provocar sua criatividade.

Outro princípio que vem sendo estendido a algumas escolas, inclusive públicas, diz respeito à continuidade de um mesmo professor numa classe de ensino fundamental pelo maior tempo possível. Tal proposta visa alçar a relação entre professor e aluno a novos patamares, dada a relevância que a Pedagogia Waldorf empresta a tal aspecto do processo de ensino-aprendizagem.

Na verdade, o ideal é que o professor conheça o aluno em suas dimensões física, mental, emocional e espiritual, o que somente será possível com a continuidade da relação.

Nas escolas Waldorf, nas quais se adota tal pedagogia, a continuidade do professor se estende até o nono ano. Claro que nesse caso há uma preparação especial para tal educador, que deverá passar pelos conhecidos "Seminários Waldorf", hoje equiparados pelo MEC ao Magistério.

Entendo que essas adaptações de princípios desenvolvidos pela Pedagogia Waldorf trazem sensíveis melhorias para o ensino, seja no aprendizado propriamente dito, seja pelo melhor nível de relacionamento entre o professor e o aluno, seja finalmente pela vinda da iniciação às artes de forma mais abrangente.

Outros aspectos dessa mesma pedagogia também podem e devem ser pensados pelas escolas em geral, como o trabalho com a eurritmia, que visa à expressão corporal; a colaboração dos pais, a fim de levar coerência pedagógica à vida da criança; a inserção desta num universo ecológico desde o jardim de infância. Observe-se que a alfabetização somente será iniciada a partir dos 7 anos, quando a maturidade da criança assim o permite.

E poderia me alongar mais, porém comentarei alguns aspectos em outro momento destas reflexões.

Tentar falar sobre a busca do diferente, sem preconceitos, pode ensejar o seguinte:

Sair da rotina
Buscar o novo
O caminho percorrido por outrem
Experimentar o diferente...

Esta a magia do humano:
Perseguir a transformação
Permanente...
O agora nunca é o mesmo, ainda que eterno...

Educar será sempre preparar para o amanhã
Levar o jovem a andar com as próprias pernas
Sem medo de errar...
Que significa caminhar...

Assim, inovar em educação
É estar ciente de que "nunca entramos duas vezes numa mesma escola"
Como diria Heráclito
Até porque a criança de hoje já não é a mesma...

12. OS MITOS, AS LENDAS E OS SÍMBOLOS NA EDUCAÇÃO

Na medida em que o estrito racionalismo imperou na educação, em consequência do império do paradigma *newtoniano-cartesiano* (como referido por Capra em *O ponto de mutação*), ocorreu o abandono dos mitos, das lendas e dos símbolos na educação. Costumo trazer a meus alunos a presença desse material, com resultados sempre surpreendentes.

Como Jung sempre acentuou, são os mitos, símbolos e lendas que despertam profundamente o inconsciente adormecido das pessoas. Dentre suas obras, *Símbolos da transformação* situa bem a questão.

Como exemplo, cito aqui minha experiência com a utilização do mito do Graal. Na verdade, aproveitei-me de uma releitura de tal mito feita pela psicóloga junguiana Jean Bolen em obras como O *caminho de Avalon*.

Procuro informar aos alunos que tal mito da Idade Média mantém-se presente através dos tempos, inclusive neste nosso momento histórico.

Assim é que o mito mostra a figura do Rei Pescador Ferido, que tinha uma ferida que somente seria curada caso o Graal fosse trazido por um jovem inocente – Parcival. Enquanto a ferida não fosse curada, seu reino seria deserto, os animais não se reproduziriam e as plantas não cresceriam.

O mito deixa claro que o encontro com o Graal é o encontro com o sagrado, com a espiritualidade. Bolen situa com muita precisão que a ferida do Rei Pescador está presente hoje no homem moderno, que perdeu por completo o significado e o sentido da existência. Assim, o encontro com o Graal torna-se indispensável.

Diz a autora em questão na obra referida: "A ferida do Rei Pescador é o problema psicológico dos tempos modernos. Em uma sociedade competitiva e materialista, onde há cinismo em relação a valores espirituais e os pensamentos científicos e psicológicos não dão importância ao reino do espírito, os indivíduos sentem-se isolados e insignificantes" (1994, p. 45).

Ela continua: "O processo que afasta o rei do Graal equivale ao afastamento racionalista da espiritualidade, ao pensamento separado do sentimento intuitivo, à propensão ao ataque cardíaco do tipo A, à personalidade linear afastada de tudo o que não é racional e confere significação" (1994, p. 48).

Os trechos transcritos revelam bem a atualidade da reflexão oriunda do mito de Graal.

Transcrevo, em seguida, reflexões feitas por alunas do último ano de Artes Plásticas da Fundação Armando Alvares Penteado (Faap) após o estudo do mito em questão:

> Já me senti um Rei Pescador Ferido... Talvez até pouco tempo atrás, quando eu na verdade não conhecia a força e a beleza divina que habitam dentro de mim; quando eu não sabia que pouco sabia, quando não tinha ideia de que posso entrar em contato comigo mesma... [...] Minha ferida estava aberta, estava aberta e eu nem sabia disso... Eu já fui ferida; não sentia a paz interior e a alegria que sinto hoje... [...] Sei que ainda tenho muito que evoluir... Sempre terei, penso que a evolução nesse sentido jamais termina, mas ao menos tenho hoje consciência disso... Estou em plena busca. (M. F. G. – Filosofia da Educação – licenciatura em Artes Plásticas – Faap – 2001)

Bem, acho difícil hoje em dia alguém dizer que nunca se sentiu como o Rei Pescador Ferido. Vivemos num mundo em que valores são mais importantes que a própria dignidade... Eu já me senti o Rei Pescador Ferido e, hoje em dia, com as experiências que tenho vivido e com a percepção do mundo e das coisas que venho desenvolvendo, sei com clareza os momentos em que isso ocorreu.

Acredito que a ferida está aí para nos acordar. Um coelho não precisa da ferida, pois ele sempre vive bem na sua mera "coelhice"...

Nós, seres humanos, temos mais coisas a acrescentar ao mundo... Mais que dinheiro; mais que poder; temos o dom do progresso. Do progresso espiritual. Da construção da paz; da reconstrução do mundo! Da ferida do mundo!

Sei também que minha ferida não está completamente fechada, ainda estou no processo de busca de uma espiritualidade que faça chover sempre no meu deserto...

O olhar nos olhos me ajudou muito. Foi mais um passo para eu me encontrar e despertar a *Bela Adormecida*. (A. A. T. – Filosofia da Educação – licenciatura em Artes Plásticas – Faap – 2001)

Vemos neste último depoimento uma referência à Bela Adormecida, que é outro mito estudado no curso. Sobre esse tema escrevi um texto poético, transcrito a seguir, que foi publicado no livro *Dicionário em construção: interdisciplinaridade*, organizado pela professora Ivani Fazenda. Será possível verificar que ainda uma vez o símbolo, no caso da Bela Adormecida, pode ser utilizado como metáfora para uma reflexão do processo educativo.

Bela Adormecida

Quinze anos
Dedo picado e o sono
Sono infindo da jovem
E de todo o reino...

Pesadelos, falta de sentido...
Tem olhos e não vê...
Ouvidos e não ouve...
Crescem as sombras e a ausência de significação

Assim cada adolescente
Vive suas transformações
Incompreendido no mundo do "tem de"...
Buscando os indispensáveis "quero" e "não quero"...

A educação, tantas vezes
chamada de bancária,
Não acorda os jovens
Mas os induz a sono mais profundo...

Sono, agora, que os conduz às drogas
A desafiar as normas
À violência destrutiva no mundo que os oprime
Aos vícios que ajudam a matar o tempo...

O Príncipe que pode acordar a Bela Adormecida
Pode e deve ser o educador... (se ainda não for um belo adormecido...)
Conduzindo-a à fonte interna de criatividade
A hospedar a beleza da vida...

Iniciar o jovem no conhecimento de si mesmo,
Na percepção da energia construtora ou destruidora,
De que é portador,
Oriunda da fonte interior de sabedoria...

E a tarefa do novo milênio para a educação:
O autoconhecimento
O desvelar da personalidade integral
A vontade liberta participando da Sinfonia da Criação!

Autoconhecimento que implica o nascer de novo
O nascer, também para o espírito,
Para a consciência profunda
Do sentido da vida!

13. A QUESTÃO DOS LIMITES: A PROBLEMÁTICA DA DISCIPLINA EXIGIDA DOS ALUNOS

É evidente que os limites são indispensáveis. Inviável, mesmo na universidade, dispensá-los. E também é evidente que na pré-escola a questão se coloca de forma distinta à do ensino fundamental e médio ou da universidade. De qualquer modo, existem aspectos comuns presentes na relação entre professor e aluno que acompanham a trajetória do educador.

O primeiro ponto diz respeito à consciência que o aluno tem de que *se comportou mal*. Dificilmente um aluno tem comportamento inadequado inconscientemente. Como já trabalhei por muitos anos nos diversos níveis de ensino, tenho claro que a primeira vertente da indisciplina é a necessidade de *chamar a atenção*.

Por outro lado, tal postura indica normalmente um *pedido de acolhimento*. Tenho observado, mesmo no ensino superior, que o aluno suplica ser ouvido, poder dizer o que sente, seja em relação à classe, seja em relação a si mesmo, seja em relação ao trabalho que vem sendo feito naquela matéria.

Claro que outras questões podem estar presentes, mas as que aponto aqui são as mais comuns, embora com frequência ignoradas pelo educador.

Normalmente, ao assumir uma conduta indisciplinada, o aluno recebe do educador uma *chamada de atenção* perante a classe, um olhar ou postura de cobrança ou ainda alguma medida mais drástica, como retirá-lo da classe.

Qualquer dessas atitudes não costuma resolver a postura indisciplinada do aluno. Ao contrário, a tendência é, muitas vezes, agravar seu quadro comportamental.

De outra parte, caso o educador tenha clareza do ponto básico da indisciplina, ou seja, da necessidade de acolher o aluno, teremos com frequência uma incrível e significativa mudança de comportamento.

Para obter tal resultado o educador deverá, a princípio, utilizar o silêncio como primeira atitude. Silêncio tranquilo de quem aguarda os acontecimentos sem raiva, gestos bruscos ou postura agressiva.

Além do silêncio – em particular no ensino fundamental e médio –, deve dirigir-se ao aluno, buscar seus olhos e indagar: "O que aconteceu com você?" É provável que nesse momento o aluno nada responda. Porém, uma coisa ou outra – seja o silêncio do educador que suspendeu a aula, seja a aproximação ou a pergunta feita – o levarão a ficar quieto. O ideal é o educador tocar de leve no ombro do aluno ao fazer a pergunta. É o primeiro gesto de acolhimento.

Tenho observado, por experiência pessoal e pesquisa levada a efeito com meus alunos nesses 30 anos de trabalho docente, que o aluno assim tratado não volta a perturbar a aula. De qualquer forma, finda a aula, o educador, sendo possível, deve reter tal aluno em sala e, estando só com ele (ou ao menos distante dos demais), retomar a indagação feita anteriormente. Nessa segunda vez, o educador deve se sentar frente a frente com o aluno, buscar seus olhos e deixá-lo falar.

Minha observação é que tal aluno sentirá, possivelmente pela primeira vez, que mesmo sabendo que se portou mal, não foi humilhado diante da classe! O educador apenas perguntou o que aconteceu...

A repetição da pergunta, em condições de privacidade e com o olhar acolhedor do educador, abrirá espaço para um vomitar do aluno, seja em relação a problemas pessoais, seja em relação a problemas com a classe ou com a matéria trabalhada. De qualquer modo, o educador poderá fazer o encaminhamento adequado baseado no que ouvir.

Insisto que a ação do educador será a de olhar e ouvir. Sua fala somente ocorrerá para dar respostas a perguntas eventuais do aluno.

É impressionante a mudança ocorrida com tais alunos quando são acolhidos dessa forma pelos educadores. Normalmente surge uma aproximação até então insuspeitada entre professor e aluno.

Não tenho dúvidas de que surgirão situações outras em que tal atitude do educador não resolverá o problema, mas asseguro que essa tentativa será sempre benéfica e representará o início de algum outro encaminhamento para a mudança de conduta do aluno.

Insisto que a energia emanada do educador com uma postura de silêncio diante de um ato de indisciplina do aluno será sempre o início de uma mudança que servirá de exemplo para a classe. De outra forma, podemos dizer:

Inquietude

De onde vem?
Essa força que irrompe na face
No gesto
No andar agitado?

De onde vem o olhar febril,
Os lábios ressecados
As mãos umedecidas
O instinto que se atira às cegas?

Vem da inquietude
Força infinda que esbarra nos limites da finitude
E ao esbarrar produz seus sinais
De inconformismo
De dor
De alegria também

Inquietude que dá o traço humano
O traço da insatisfação com a acomodação
Com o velho
Com os valores que perderam sua substância

Inquietude que é a marca do jovem
Da busca
Da reformulação de valores
Do encontro consigo mesmo

Da sintonia entre o eterno e o finito...

Encontro

O primeiro olhar
O brilho da descoberta
O medo do desconhecido
A vontade de ser aceito

A busca do entendimento
A dúvida própria da idade
O desafio inexorável da idade
O cansaço de tantos olhares hoje...

O risco do olhar de cima
O perigo do olhar submisso
O ver além do tecido miraculoso dos olhos
O deixar-se ver...

A dificuldade do ver-se em primeiro lugar
O saber-se tantas vezes cego conduzindo cegos.
Não obstante tentar enxergar
Buscando a luz mais dentro de si mesmo...

Saber-se Um com seus educandos
Tendo a certeza do desafio da reciprocidade
Saber do mistério da verdadeira comunicação
E da sua fantástica necessidade

Construir no dia a dia o sabor do estar junto
Que se perpetuará no tempo
Talvez nem tanto para o mestre
Mas seguramente para o discípulo
Fazê-los atravessar a ponte,
Já sabendo que ela será retirada
Fazer da sua disciplina
O ponto de contato com a vida

14. REUNIÕES DIDÁTICO-
-PEDAGÓGICAS

Tradicionalmente todas as escolas fazem reuniões didático-pedagógicas visando a um momento de reflexão e avanço nas atividades da instituição. Como em qualquer atividade, corre-se o risco de que, em tais reuniões, a rotina domine as ações e o desinteresse prevaleça.

Creio que o mais relevante para o amadurecimento de um grupo que trabalha junto, com educação, é sua integração. Trata-se de realmente fazer surgir um espírito comunitário e cooperativo. Para tanto se faz mister que cada um sinta sua importância para o grupo e esteja aberto a um permanente aprendizado em comum.

Assim, distingo duas iniciativas fundamentais. A primeira diz respeito a atividades grupais integradoras e criativas dentro da própria equipe. A segunda, a estudos e reflexões dirigidos, em rodízio, pelos próprios participantes.

Quanto às atividades grupais, incumbiria aos coordenadores educacionais e pedagógicos a escolha de uma dinâmica adequada ao momento vivido pela equipe.

Darei exemplos de dinâmicas que vêm sendo utilizadas com êxito em alguns grupos:

A) O coordenador distribui a cada componente do grupo uma folha de papel na qual consta a relação de todos os colegas de trabalho; pode-se incluir também o nome daqueles que prestam serviços à escola. Em seguida à distribuição, cada professor anota adiante do nome do colega ao menos uma qualidade observada no trabalho ou no caráter do companheiro. Finda a tarefa, o coordenador recolhe o material e numa próxima reunião traz para cada um o perfil de suas qualidades, visto por todos os colegas, sem necessidade, é óbvio, de dizer *quem disse o quê*. Aliás, os relatórios iniciais devem ser anônimos.

Essa atividade é importante porque contempla a permanente necessidade de trabalhar a autoestima das pessoas, de forma particular daqueles que direta ou indiretamente lidam com educação, pois a repercussão no corpo discente dos educadores com baixa autoestima é altamente perniciosa.

Essa atividade foi inspirada em artigo que abordava essa dinâmica aplicada a estudantes de uma escola americana. O texto ressaltava a importância que teve para cada aluno receber da professora um resumo de como a classe o via. Relata então que um estudante, que mais tarde foi para a guerra do Vietnã, morreu em combate tendo em mãos o perfil que a classe fizera dele. O artigo foi escrito pela própria professora, que atestou outras situações em que a dinâmica também trouxe resultados positivos.

B) Colocados em círculo, os alunos, um a um, tiram o nome de um companheiro para o qual farão um desenho do presente que gostariam de lhe dar. Depois dos desenhos, o colega presenteado tentará descobrir qual o presente que lhe foi dado e seu autor. A atividade tem o claro intento de integrar o grupo aproximando diferentes companheiros.

C) Formação de duplas entre os colegas presentes, preferencialmente havendo uma escolha dirigida pelo coordenador, que indagará: "Que colega você gostaria de conhecer melhor?"

Essa pergunta deve ser dirigida a um dos colegas, que, ao fazer a escolha, explicará as razões de tê-la feito. Tais razões devem ser apresentadas ao próprio companheiro escolhido. E assim sucessivamente, até o grupo ficar reduzido a poucos colegas, quando o coordenador mesmo formará as duplas restantes (ou deixará que naturalmente se escolham). A importância dessa parte da dinâmica está na explicitação das razões que levam um colega a escolher outro. Claro que o coordenador poderá utilizar outros caminhos para a formação das duplas.

Formadas as duplas, seus componentes deverão desenvolver uma atividade que inicialmente consiste em olhar um nos olhos do outro. O coordenador deverá colocar música de relaxamento e dirigirá o exercício no sentido de que cada um olhe em momentos distintos, um dos olhos de cada vez, procurando distinguir emoções diversas em cada olho observado. Tal direção é importante, pois inibirá o riso, muitas vezes incontrolado, pelo inusitado da situação. Assim, com a direção do coordenador, a atividade caminha nesse momento para um trabalho de pesquisa nos olhos do companheiro.

Depois de três ou quatro minutos, o coordenador pede às duplas que fechem os olhos e deem-se as mãos. Nesse momento, explica que cada um está acolhendo o companheiro pelas mãos e pede que se concentrem na respiração. Ao inspirar, eles devem se conscientizar do movimento de acolhimento e, ao expirar, do ato de se deixar acolher. Depois de três ou quatro minutos, o coordenador diz que cada colega foi escolhido pelo parceiro da dupla, no sentido de trazê-lo para o grupo que nasce naquele momento. Em seguida, pede que abram os olhos e vejam a diferença presente nos olhos do companheiro. Essa observação tem de ser feita em silêncio até que, após cerca de um minuto, o coordenador sugere que as duplas conversem sobre o que foi observado e sentido. As impressões são então partilhadas com o grupo.

Os resultados costumam ser muito significativos para a coesão grupal. Como já afirmei, outras dinâmicas podem e devem ser escolhidas para trabalhos permanentes nessa direção.

Na segunda parte da reunião (ou, se for o caso, na reunião seguinte), um professor escolhido para falar explica como vem conduzindo seus trabalhos na escola, os livros que tem lido, as melhores experiências e as dificuldades encontradas. Em seguida, promove-se um debate com a equipe. Assim, em rodízio, todos os educadores deverão ter um dia de apresentação do seu trabalho.

Não tenho dúvidas de que tal ritmo numa equipe não só integrará os participantes como tornará muito prazerosa a reunião.

O coordenador poderá, evidentemente, reservar um tempo para avisos ou comunicados importantes para a comunidade. A busca dessa unidade da equipe também poderá ser expressa da seguinte forma:

Divisão

Estamos sós
Fragmentados
Aos pedaços
Resultado da divisão interna

Corpos rígidos
Tensos sofridos
Pedindo acolhimento

Nossa emoção perdida em fantasias
Novelas, cinemas, internet, revistas...
Nossa razão prisioneira do racionalismo
Do "ter que explicar tudo"

Não percebemos o sentido do cotidiano
Não nos percebemos
Não amamos
Não nos amamos...

Perdemos o primeiro movimento do respirar
Profundamente
Relaxadamente
Sentindo o ar que entra em todo o corpo

Perdemos o movimento do corpo
Sua leveza
Sua harmonia possível
Sua agilidade a ser desvelada na dança suave

Perdemos o sentido do toque
Do beijo beijado
Do abraço abraçado
Do dizer com as mãos – "Eu te amo"

Perdemos, mais que tudo,
Nossa identidade espiritual
O artista, o mestre interior, que nos cria a cada momento
O sentido do amor maior pelo outro e pela vida: a compaixão

O educador mais que ninguém é o escolhido para o resgate do homem integral
Olhando verdadeiramente nos olhos
Ouvindo e acolhendo cada aluno
Numa eterna semeadura...

15. A FAMÍLIA NO PROCESSO DE ENSINO-APRENDIZAGEM

Tradicionalmente, a família *participa* do processo de ensino-aprendizagem sendo convocada para reuniões nas quais lhe será comunicado o *andamento escolar da criança*. Outras vezes, pais são chamados para que fiquem sabendo de comportamentos inadequados dos filhos.

Tais praxes escolares ainda compõem a velha estrutura da "escola bancária". Equivale a dizer ao correntista do banco que sua conta estourou...

A participação da família deverá e poderá ser muito mais ampla.

É preciso, ao menos, tentar estabelecer uma coerência entre os valores trazidos pela escola e aqueles que a criança aprende em casa.

Sim, pois a pior situação para um aluno é perceber contradições entre aquilo que seus professores afirmam e aquilo que a família diz. Que lado escolher?

Assim, a estratégia, que aliás vem sendo adotada por numerosas instituições educacionais, é propiciar um verdadeiro diálogo com os pais, em que as questões fundamentais sejam levantadas e discutidas.

Uma das estratégias mais utilizadas e eficazes é a exibição de filmes para os pais, seguida de discussões com os professores. Tais filmes trazem de forma lúdica, mas consequente, questões inadiáveis do dia a dia da escola. Entre os exemplos podemos citar *Sociedade dos poetas mortos*, cuja temática é uma família conservadora e autoritária querendo impor um futuro ao filho. Caberá, então, ampla discussão sobre alternativas de futuro para as crianças além do simples diploma de *doutor*.

Atividades ligadas às diversas artes devem e podem fazer parte da escolha profissional dos jovens!

Outro tema fundamental é o trazido pelo filme *Patch Adams*, que aborda o desenvolvimento da sensibilidade, da alegria e da solidariedade. Tal filme é interessante porque fala de uma história real. A cada discussão, a escola deve tentar envolver os pais em atividades comunitárias no bairro, nas quais eles, junto com os filhos, dimensionem ações voluntárias de caráter educativo. De outra parte poderá também surgir alguma ação interna na própria escola, no sentido de aperfeiçoá-la com a participação dos pais em suas próprias especialidades.

Outro filme que a escola pode selecionar é *Bagdá Café*, que abre a discussão sobre o efeito transformador de um ser humano consciente desse seu potencial. Assim, pais e filhos poderão ser estimulados a uma maior participação na melhoria da escola, do bairro onde moram, ou mesmo da própria estrutura familiar. Nesse sentido indico também o filme *Shirley Valentine*, que não deixa de fazer menção à escola...

Além de filmes, a escola pode propiciar eventos que ensejem a presença prazerosa dos pais, sempre seguidos de uma reflexão. Tais atividades deverão, na medida do possível, contar com a participação do corpo docente, especialmente para uma discussão final sobre o tema do espetáculo.

Por outro lado, na medida de sua pertinência etária, os alunos também deverão, em outro momento, assistir a tais filmes para ampliar os debates em casa acerca de questões fundamentais. Nesse sentido, os professores devem propor exercícios que envolvam um diálogo entre aluno e família sobre os temas levantados pelo filme.

Eis mais alguns filmes com os quais tenho trabalhado: *O silêncio*, filme iraniano que cuida da questão de uma criança cega e sua integração; *O ponto de mutação*, que revela as mudanças havidas nas ciências em geral; *Buraco branco no tempo*, curta-metragem também sobre o desenvolvimento das ciências, mas voltado para o autoconhecimento; *Mr. Holland – Adorável professor*, a respeito do cotidiano da escola.

Diria que tal atividade envolvendo os pais, além de propiciar momentos de diversão saudável às famílias, está, na verdade, educando no sentido mais amplo da palavra, pois *despejar conteúdos* nas crianças e discutir resultados de provas com os pais é um arremedo de educação...

Agora, tentar *acordar* os pais para a incrível tarefa de transformar seu filho num cidadão consciente é o fio de Ariadne hoje possível para a saída do labirinto em que nos encontramos nesse universo criado pela mídia e pelo consumo desenfreado.

Dizendo de outra maneira:

Acordar

O ser humano está sujeito a um bombardeio
Produzido pelos meios de comunicação
Pela tensão permanente da velocidade dos acontecimentos

Há um universo que nos atrai para a alienação:
As drogas, o álcool, o fumo, o consumismo, os próprios meios de comunicação;
Há outro universo que nos atrai para a consciência profunda
A consciência de si mesmo
A descoberta de um espaço pessoal
A percepção da própria fragilidade
Do pouco que sabemos do essencial

Essa descoberta de si mesmo
(Diria esse amor por si mesmo)
Se transformará numa ternura pelo outro
Numa real descoberta do relacionamento humano

Um relacionamento acima do instinto
Do interesse
Da obrigação
Do laço familiar

Um caminho árduo,
Mas avesso de qualquer massificação
Pois passa por dentro, pelo coração, de cada caminhante

É uma caminhada aberta àquele que acordar
Seja quem for
Esteja onde estiver!

16. ESCOLA E COMUNIDADE

O exame desta questão nos reportará aos subsistemas referidos no capítulo da interdisciplinaridade, que deverão servir de ponto de partida para os educadores que vinculam a escola à comunidade.

Assim é que, tomando como exemplo o subsistema de saúde, a escola faria com seus alunos, ressalvada sempre a questão da idade, um levantamento dos problemas de saúde na comunidade à qual está vinculada.

Feito tal levantamento, os alunos fariam, sob a coordenação de um professor (de preferência ligado à área), propostas de intervenção na comunidade para auxiliar e/ou resolver o(s) problema(s) apontado(s). Com base em tais propostas, seria estabelecido um roteiro de ações a ser desencadeadas pela escola, se possível com a participação das famílias, que de preferência deverão ser convocadas pelos próprios filhos.

Seguindo a relação dos subsistemas mencionada, a escola desenvolveria uma sequência de ações comunitárias, podendo, de acordo com a idade dos participantes, trabalhar mais de uma atividade simultaneamente. Assim é que, por exemplo, crianças menores plantariam árvores nas imediações da escola e as mais velhas visitariam um asilo, promovendo atividades lúdicas com os idosos.

O importante é manter um vínculo permanente da escola com a vida no entorno de si. Tal atividade deverá propiciar, às diferentes áreas de ensino, um vínculo da matéria ensinada com a atividade desenvolvida, de tal forma que os alunos perceberão crescentemente a importância dos estudos para a resolução dos problemas da comunidade.

De outra parte, os alunos mais velhos podem fazer contato com organizações não governamentais que estejam envolvidas com algum dos problemas que a escola venha enfrentando. Tal contato visará à abertura dos alunos para a visão da comunidade maior em que vivem e para a possibilidade de colaborarem na solução dos problemas.

Nessa ação, a escola deverá abrir as portas para reuniões ligadas ao tema trabalhado, seja para receber convidados visando debater o problema, seja para dinâmicas com pessoas da comunidade.

O mestre de todos nós, Paulo Freire, seguramente não pretendia outra coisa quando insistia na consciência do mundo-vida dos alunos!

O individualismo ainda presente em tantas escolas é seguramente um freio ao desenvolvimento desejado para nossos alunos, no sentido de uma inserção real no mundo em que vivemos.

Paralelamente a tais atividades, os alunos mais velhos podem trazer da mídia notícias e temas nos quais a escola intervenha de alguma forma, mandando mensagens à comunidade escolar ou atuando de maneira participativa.

É indicado que tais atividades sejam coordenadas pelo orientador educacional, que terá amplo campo para a observação de seus educandos.

Finalmente, nessa linha de inserção nos problemas da comunidade, seria ideal estimular os pais, ao menos uma vez por ano, a trazer sugestões de participação da escola na *vida comunitária*. Essa seria uma forma de aproximá-los de um engajamento nas tarefas comuns. Claro que muitas outras ideias poderão e deverão surgir do próprio grupo de professores da escola despertados para o problema.

De forma poética, como venho sempre fazendo, poderia dizer:

Caminhar

Dar um passo...
Sair da paralisia causada pelo desencanto
Pela preguiça mesmo de pensar
Pelo caos aparente

Dar um passo...
Sair da "maioria silenciosa"
Deixar minha voz sair
Estender os braços em gestos fecundos

Dar um passo...
Acreditar na força interior
Nas infinitas possibilidades do meu presente
Na descoberta de mim mesmo

Dar um passo...
Na direção do porvir
No sentido da história
Na busca da significação

Dar um passo...
É caminhar
Caminhar de mãos dadas
Caminhar solidário

Dar um passo
E também ir ao encontro
Encontro do meu espaço
Encontro do significado maior da vida

Dar um passo...
É acender uma luz
É abrir um sorriso
É dar chance à esperança

Dar um passo...
É fazer história
É deixar seu traço na história.

17. RITO DE PASSAGEM: A ADOLESCÊNCIA

Um dos grandes desafios no processo de ensino-aprendizagem é a chegada da adolescência. Os hormônios começam a despejar uma energia irresistível e o corpo do jovem, em todos os sentidos, começa a gritar. Mais que nunca, o acolhimento é indispensável.

A família, frequentemente, está despreparada para o que aqui denomino de *rito de passagem*. Em algumas tribos indígenas, aos 15 anos o jovem é iniciado pelo xamã na sua dimensão espiritual. Na verdade, até a pré-adolescência a criança não despertou para sua espiritualidade. Ela ainda vive uma plenitude inconsciente de todas as suas dimensões. Essa beleza da criança é apontada por todos os mitos de *eterno retorno*, que dizem respeito a essa inocência fundamental da infância diante da completude da vida.

Como já comentei, Nietzsche dizia que "o máximo de maturidade que um homem pode atingir é quando ele tem a seriedade que têm as crianças quando brincam".

A percepção de si mesmo e a certeza do *saber que vive* somente surgem a partir da adolescência, quando as dúvidas e as buscas ganham crescente dimensão na vida do jovem. No mito da Bela Adormecida, já referido nesta obra, aos 15 anos a jovem é picada no dedo e dorme, e com ela todo o reino...

Tal mito diz respeito às fugas empreendidas pelos jovens, seja na viagem das drogas, seja em viagens propriamente ditas na procura do sentido e da significação de suas vidas.

Steiner, em sua obra, assinalava com sua visão dos setênios que somente após os 14 anos o ser humano inicia sua caminhada em direção ao eu profundo, indo tal percurso até os 21 anos.

O educador precisa estar consciente e atento a esse quadro. Costumo assinalar que a criança vive ainda o mundo do *tem de*: "tem de ir à casa do vovô", "tem de pôr o casaco porque está frio", "tem de dormir porque é tarde" ou ainda "tem de ir à escola". Porém, a partir da pré-adolescência, surgem o *eu quero* e o *eu não quero*, característicos do despontar daquele *eu* profundo apontado por Steiner, ou da espiritualidade. Tal despertar para a voluntariedade precisa ser entendido em toda sua beleza e desafio pelo educador. Limites serão sempre necessários, porém tal limite há que ser precedido pelo acolhimento do jovem!

Costumo lembrar um caso narrado por uma educadora da Grande São Paulo. Uma de suas alunas, pré-adolescente, já dava mostras de uso de drogas e, um dia cortou-se propositadamente com gilete – não para suicidar-se, segundo a educadora, mas para *chamar a atenção*...

Esse é um ponto crucial da relação entre educador e adolescente: os atos de indisciplina e as atitudes extravagantes são *gritos de socorro* de quem se sente perdido e não sabe o que fazer.

Pois bem, a educadora referida encaminhou a menina à enfermaria da escola, mas sentiu que aquele era o momento de *acolher* sua aluna. E o fez de forma singular, que merece nossa reflexão: levou-a a uma sala privativa, ajudou-a a se arrumar e a pentear o cabelo e acomodou-a numa cadeira; ato contínuo, por sua vez, sentou-se diante da aluna e segurou suas mãos. Buscou então os olhos da aluna, que durante três minutos fugiu do olhar da educadora. Depois desse tempo, os olhos se encontraram. Quando isso ocorreu, a estudante caiu num pranto imenso. Chorou por longos cinco minutos. O silêncio da educadora, que apenas segurava mais fortemente suas mãos, foi decisivo. Depois de conter o choro, a aluna disse: "É a primeira vez na minha vida que alguém segura minha mão dessa forma, olhando nos meus olhos..."

Em seguida, a jovem *vomitou*, segundo a educadora, todo o seu sofrimento, que incluía abuso sexual e uso de drogas. O Conselho Tutelar foi acionado e essa jovem *nasceu de novo*, pois, ao ser acolhida, seu perfil de aluna transformou-se por inteiro.

Essa pequena história nos traz inúmeras lições para a relação professor-aluno, em particular no trato de adolescentes.

A primeira lição diz respeito a ouvir e, concomitantemente, olhar para os olhos do aluno. O acolhimento não se dará, em primeiro lugar, na forma de conselhos, mas sim em ouvir o aluno: deixá-lo expulsar seus temores, mágoas e desejos não realizados. E só depois de ouvi-lo compassivamente o educador responderá às perguntas que expressamente forem formuladas. Não se diga que tal tarefa deverá ser repassada a orientadores ou psicólogos! A relação básica é do educador com o aluno! Somente casos extremos deverão ter encaminhamentos distintos.

A segunda lição refere-se à leitura que o educador precisa fazer do comportamento dos adolescentes, ou seja, conhecer as transformações físicas e a passagem do mundo do *tem de* para o mundo do *eu quero*. Há uma necessidade de expressar o querer e o não querer. O jovem precisa compreender essa sua necessidade e saber que não está *errado* tal momento de sua vida. Assim como precisa descobrir a beleza e a importância das mudanças em seu corpo, precisa compreender a dimensão psíquica e espiritual do seu *querer*, em toda a sua complexidade.

A terceira lição é que educar é muito mais que *passar conteúdos* (expressão horrível usada com frequência pelos educadores), pois a iniciação do jovem ao mistério de si mesmo é que surge como tarefa primordial: ser *parteiro* do segundo nascimento do jovem. Claro que a família é prioritariamente responsável, porém sabemos que muitas vezes os pais precisam mais que os filhos de tal iniciação.

O *rito de passagem* confiado nas tribos aos xamãs poderia também ser assumido pelas religiões, porém sabemos da crise vivida por elas – que, tantas vezes, afastaram-se de suas fontes: as tradições.

Resta no caminho do jovem o educador. De forma poética, eu poderia dizer:

Rito de passagem

Adolescência
A criança que acorda
Acorda para o mundo do eu quero e eu não quero...
Depois de um tempo no mundo do tenho que...

A semente abre-se na terra para gerar mais vida...
A criança abre-se no mundo para criar mais vida...
A semente precisa da terra, da água e do sol...
A criança precisa do amor...

A árvore é semente que vingou...
O ser humano é a criança que foi acolhida...
Acolhida pelos pais, pela escola, por si mesma ...

A semente inexoravelmente dará lugar àquela árvore escondida no mais dentro...
A criança dará lugar a um Ser singular, fruto de uma autotransformação...
A criança no mais dentro traz o artista que opera a transformação

O rito de passagem é a consciência despertada na criança da existência do artista...
Antes disso, a criança vivia em comunhão com esse artista sem saber de sua existência
Agora, a criança assiste ao nascer do artista...
O surgimento do mistério da liberdade!

Se a criança pode brincar no momento próprio
Pode criar num segundo momento
Ela vai entender melhor a vinda do artista...
Será bem-vindo, pois sua intuição lhe diz que há muito tempo estavam juntos...

O nascimento desse artista é o nascimento para o espírito
É o nascer de novo anunciado nas tradições...
É o acordar da Bela Adormecida
É o início do autoconhecimento
É o princípio de toda a sabedoria...

Esse rito de passagem exige um segundo parteiro.
Um parteiro do espírito...
O irmão mais velho que já iniciou a caminhada
E acolhe o novo companheiro...

18. FILOSOFIA DA EDUCAÇÃO

Filosofia significa, etimologicamente, *amor à sabedoria*, portanto filosofia da educação é o amor à sabedoria de educar.

Os primeiros filósofos assim identificados foram os gregos, mais particularmente Platão, Sócrates e Aristóteles. Por que nunca foram esquecidos, mas são, ao contrário, seguidamente lembrados e retornados? Qual o segredo da filosofia grega?

Na verdade, os gregos conseguiram mergulhar nesse amor à sabedoria de forma ampla e profunda. Conseguiram contemplar o ser humano em todas as suas dimensões. De tal maneira que, até mesmo Santo Tomás de Aquino, que era teólogo, retomou Aristóteles para escrever sua famosa *Suma teológica*. Ou seja, os gregos mergulharam tão profundamente no conhecimento do ser humano que sua filosofia serviu de apoio até para aprofundar conhecimentos religiosos.

Para entender tal relevância da filosofia grega, trago aqui uma passagem de Aristóteles (2005) sobre a felicidade presente na obra *Ética a Eudemo*:

> [...] a felicidade resulta exclusivamente de uma das seguintes causas: ou do favor dos deuses, que a outorgaram movidos de maneira parecida a como agem os homens, por uma paixão divina, entusiasmados sob a influência de algum gênio; ou acontece por simples acaso, pois são muitos os que confundem a felicidade com a fortuna.

Essa passagem nos faz observar a profunda percepção de Aristóteles a respeito da vida humana e como ele, ao se referir à *paixão dos deuses*, aproxima-se da visão oriunda do cristianismo.

Amor é uma expressão difícil de definir. Significa afeição em seu entendimento mais comum, mas também compaixão e caridade. Mais ainda, tal expressão é utilizada pelo cristianismo para definir um dos grandes mistérios do universo: quem é Deus? A resposta bíblica, trazida em João (4:8), diz: "Aquele que não ama não conhece a Deus, porque Deus é amor". Veja-se a proximidade de tal afirmação com a visão aristotélica aqui citada.

Tal questionamento é trazido a propósito de um dos incríveis avanços da ciência no século XX, resultante das descobertas advindas da física quântica. Fritjof Capra afirma que no que se refere à matéria inexiste a chamada *matéria sólida*, mas, ao contrário, o que existem são *possibilidades de conexão*. Ou seja, no coração da matéria, a realidade última nos apresenta tais possibilidades de conexão.

Assim, a misteriosa *definição* de Deus trazida pela *Bíblia* é encontrada no âmago da matéria pelos cientistas! Sim, a *possibilidade de conexão* não deixa de trazer, em si mesma, a ideia profunda desse *mistério* que é o *amor*. Creio que esse é um dos pontos centrais do chamado *encontro entre ciência e fé* apontado no século XX.

O que importa para a filosofia é: se a ciência faz tal afirmação em relação à matéria sólida, o que dizer do ser humano?

Se partirmos de uma indagação religiosa, ainda uma vez encontraremos na Bíblia uma afirmação bem conhecida no livro de Gênesis (1:26): "E disse Deus: 'Façamos o homem à nossa imagem, conforme a nossa semelhança'".

Ou seja, na visão bíblica, o ser humano é também um mistério de *amor* ou de *possibilidades de conexão*!

Do ponto de vista da filosofia, se ao menos o corpo físico do ser humano, à semelhança dos demais corpos sólidos, é também *possibilidade de conexões*, que dizer de uma visão de homem integral?

Imagino o deleite de Platão se soubesse que a ciência comprovadamente nos traz tal percepção de matéria! Seguramente, sua visão do universo das ideias, originadas na mente, seria ampliada para uma certeza, a de que o mistério da vida humana seria sempre *criar novas conexões* com base na realidade das *conexões potenciais...*

Sim, o ser humano é aquele que *sabe que vive...*

Se ele sabe que *estar vivo* é transformar *possibilidades de conexão* em verdadeiras *conexões*, realmente viverá uma realidade de amor...

Assim, conectando as tintas, será elaborada uma pintura; os sons, a música; conectando o outro, teremos o afeto, o amor. E assim por diante.

Sua relação com o meio ambiente, da mesma forma, será ecológica e protetora, buscando uma conexão com o planeta!

Nessa linha de raciocínio, veremos que a tarefa da filosofia da educação será buscar as conexões possíveis dentro da realidade da educação. Assim, uma verdadeira pedagogia será a arte do encontro, seja na relação entre educando e educador, destes entre si e entre o processo educativo e o *saber.*

Filosofar, pois, é buscar o saber com amor. Buscar o saber é ir ao encontro da vida em todos os aspectos em que ela se revela. Seguramente, nesse momento, trazer para uma reflexão ampla os avanços da ciência é inadiável! Debrucemo-nos juntos sobre as consequências para a educação num avanço filosófico na direção das conexões! Fica evidente a sensibilidade de Paulo Freire quando insistia na conscientização, que nada mais é do que uma profunda conexão de cada um com seu *mundo-vida*!

De forma poética poderíamos dizer:

Possibilidades de conexão

No coração da matéria
O vazio
No movimento das partículas
Possibilidades de conexão...

E o que diz a ciência
E o que dizem as tradições
No âmago da matéria: conexões
No âmago da vida: amor

Inconscientemente, a matéria se conecta
Conscientemente, o ser humano pode conectar
Pode amar...
A si mesmo e ao outro

Mistério profundo
De criação e destruição
De vida e morte
De amor e ódio

Conectar os sons é fazer música
As tintas é fazer um quadro
A argila é fazer uma peça de arte
O outro é a compaixão...

Mistério do querer verdadeiro
Da liberdade
Da gratuidade
Do transformar o caos

A palavra um dia assim o fez
E surgiu a vida
E surgiu a vida que sabe que vive
Que também pode a palavra...

Desvelar tal mistério
É a magia do ser humano
Magia da permanente transformação
Do caos em vida, em amor...

19. INTERDISCIPLINARIDADE

A interdisciplinaridade é, sem dúvida, um dos avanços mais seguros da área da educação em consonância com as demais ciências.

De fato, à medida que a visão de unidade ou de interligação de toda a vida conhecida se torna patente, não poderia a educação permanecer apartada do restante ou tratar de seus conteúdos de forma cindida.

Na verdade, como explica a professora Ivani Fazenda em sua vasta e pioneira obra sobre o tema, a interdisciplinaridade é mais uma postura do educador diante do universo do saber. Eu acrescentaria que tal postura deverá conduzir o educador a entender que sua disciplina é somente um pretexto para ligar a sala de aula ao universo.

Ainda uma vez, a Pedagogia Waldorf traz, de modo pioneiro, uma postura claramente interdisciplinar quando, ao trabalhar os conteúdos nos períodos denominados épocas, conduz o aluno a perceber o vínculo fundamental de qualquer disciplina com o universo das artes. Assim é que, juntamente com o estudo de qualquer conteúdo, as artes acompanharão como distintas formas de expressão de tal conteúdo.

Esse é um primeiro aspecto essencial da interdisciplinaridade, porque desvela a presença das artes não como um mundo à parte, mas como componente de qualquer disciplina estudada.

Por outro lado, cada conteúdo deverá sempre ser trazido aos alunos como parte de um saber maior, no qual todos se encontram.

O educador precisa tomar consciência de uma sábia afirmação de Teilhard de Chardin (1989) em sua obra *O fenômeno humano*: "Após percorrer longamente o caminho da análise, o ser humano chega finalmente à luminosa síntese".

Essa visão da *teia da vida* – título de um dos últimos livros de Fritjof Capra – deverá ser adotada pelos educadores para que os alunos percebam a magia do universo e o vínculo da parte com o todo.

Outra reflexão importante para a interdisciplinaridade diz respeito a estudos da *cibernética social*, ciência contemporânea muito bem analisada por Milton Greco na obra *A aventura humana entre o real e o imaginário*. O autor apresenta detalhadamente os subsistemas sociais que alimentam a dita cibernética.

Tenho utilizado muito essa visão para estabelecer uma didática interdisciplinar. Darei um exemplo com base nos 14 subsistemas, que são:

1. Subsistema do parentesco.
2. Subsistema sanitário.
3. Subsistema de manutenção.
4. Subsistema de lealdade.
5. Subsistema de lazer.
6. Subsistema viário (de comunicações).
7. Subsistema pedagógico.
8. Subsistema patrimonial.
9. Subsistema de produção.
10. Subsistema religioso.
11. Subsistema de segurança.
12. Subsistema político.
13. Subsistema jurídico.
14. Subsistema de precedência.

Vale ressaltar que acrescento em meu trabalho um décimo quinto subsistema, que denomino ecológico.

Depois de explicar a meus alunos a dimensão abrangente de cada subsistema, passo a abordar de que maneira qualquer tema trabalhado vincula-se a cada subsistema, o que resulta na conscientização da interdisciplinaridade. Trata-se, na verdade, de estratégia didática que visa permitir ao aluno compreender a interdisciplinaridade.

Tomemos como exemplo o tema do estudo da floresta Amazônica. Assim, teremos seu vínculo com os vários subsistemas:

1. parentesco: exame da vida das famílias que habitam a floresta Amazônica, possivelmente as várias tribos indígenas;
2. sanitário: análise das condições de saúde existentes no contexto da floresta e os riscos oferecidos, como o de contágio pela febre amarela de quem lá chegasse;
3. manutenção: estudo da alimentação dos habitantes da região e de suas condições de sobrevivência;
4. lealdade: análise das relações de amizade entre as várias tribos ou as várias populações lá existentes; poderia também ser examinado o potencial de acolhimento aos estranhos que lá chegassem;
5. lazer: reflexão a respeito da forma pela qual as populações locais preenchem seu tempo livre, ou seja, suas diversões e seus espaços de lazer;
6. viário (de comunicações): exame das vias de acesso à floresta, bem como de outros canais de comunicação existentes;
7. pedagógico: análise do acesso das populações locais ao ensino ou ainda o que as tribos locais teriam a nos ensinar com sua sabedoria;
8. patrimonial: estudo da questão da propriedade dos bens existentes na floresta, ou seja, o patrimônio dos índios e a possibilidade de fazendeiros não indígenas terem acesso à propriedade na floresta;
9. produção: estudo daquilo que as tribos produzem para sua subsistência ou, da mesma forma, do que outras populações lá existentes produzem;

10. religioso: exame das religiões existentes entre as tribos ou outras populações locais; caberia também uma análise da visão religiosa da floresta Amazônica (aliás, estou aqui sucintamente ligando os subsistemas às questões possíveis, mas é claro que tais vínculos poderão ser mais amplos, sendo mesmo o ideal que os alunos participem dessa busca);

11. segurança: discussão sobre as condições de segurança da floresta, em seus vários níveis: segurança para as tribos ou para outros que percorram a floresta;

12. político: exame da situação política existente entre as tribos e as demais populações;

13. jurídico: análise da situação jurídica das tribos diante da lei brasileira e mesmo a situação da floresta perante nossa legislação, no que diz respeito à sua preservação;

14. precedência: exame das questões referentes a preconceitos vigentes em relação às tribos e seu direito de ser tratadas nas mesmas condições que os demais brasileiros;

15. ecologia: o tema é de evidência fundamental, pois sabemos da relevância ecológica da floresta Amazônica.

Como vimos, o tema básico – floresta Amazônica – permitiria amplo debate interdisciplinar, que estaria vinculado a diferentes áreas do conhecimento. Quero mais uma vez ressaltar que a pesquisa e o debate dentro de cada subsistema deverão ser tão amplos quanto possível, sempre contando com a participação do corpo discente – que, como poderá ser observado, terá imenso prazer em tal atividade.

Dizer da interdisciplinaridade de forma poética, imagino assim:

Interdisciplinaridade

Não há definição
Não há palavra
Não há conceito

Há percepção
Intuição
Sabedoria nascente...

Mergulhar fundo na realidade
Além dos conceitos
Das palavras
Do racional

Perceber a unidade do saber
O sentido do movimento
A perenidade da transformação
E o instante da consciência...

Tentar definir esse instante
Situá-lo no papel
Escrevê-lo
É fazer poesia...

É soltar-se no espaço infinito
Na dança cósmica
Na relatividade do tempo
Na unidade do saber...

20. ENSINO SUPERIOR: ESPECIALISTA E EDUCADOR

Nossas universidades têm encontrado em suas salas de aula um fantástico desafio: como fazer do especialista um educador? A Pontifícia Universidade Católica de São Paulo vem investindo num curso de especialização que visa à *didática do ensino superior*.

Na verdade, médicos, advogados, economistas, administradores e tantos outros profissionais que lecionam em universidades, na maioria dos casos, jamais passaram perto de qualquer iniciação à arte de educar, como se ensinar na educação superior fosse tão somente uma questão de *distribuir conteúdos técnicos* aos vários alunos.

Tenho me referido ao filme *Patch Adams*, que se inspirou na vida real do médico Hunter Adams, para desvelar a realidade da frase do diretor de uma faculdade de Medicina, que afirma arrogantemente a seus alunos de primeiro ano: "Eu os farei doutores"...

Desligada da ética, do humanismo e da personalidade integral do ser humano, qualquer técnica pode se tornar destrutiva.

Trabalhei durante cerca de 20 anos nas diversas faculdades da PUC-SP – de Medicina e Matemática até Administração e Economia – ministrando aulas de Estudo de Problemas Brasileiros. Isso dos anos 1970 até a extinção da disciplina, no início da década de 1990.

Os cursos mais elitizados, como Medicina, Direito ou Economia, são os que apresentam maior índice de especialistas sem qualquer iniciação em processos didático-pedagógicos.

Tenho propiciado a alunos do curso de Pedagogia, no qual hoje trabalho com didática, que assistam a aulas em diferentes faculdades para observar a didática presente em sala.

As observações são das mais curiosas e pertinentes, como:

a) os professores falam o tempo todo, sem promover qualquer diálogo;
b) os professores jogam a matéria e o aluno *que se vire*;
c) as aulas são desnecessárias: bastaria estudar para fazer as provas;
d) os alunos temem os professores;
e) inexistem outras estratégias além de preparar seminários em grupo e aulas expositivas;
f) o que vale é ir bem na prova, não importa como.

Tais observações são feitas não só com a assistência de aulas nas diversas faculdades, mas também com entrevistas com os diferentes alunos.

Em outras universidades nas quais também é feita a pesquisa há o agravante do número de alunos em sala de aula, o que compromete todo o processo de ensino-aprendizagem.

Diante de tais observações, cumpre dizer inicialmente que não há *culpa* dos docentes que assim trabalham, pois eles atuam em um sistema que tradicionalmente sempre funcionou desse modo. Inexistem modelos distintos ou propostas alternativas. Somente a partir do final do século XX começou-se a levantar seriamente o problema.

Um dos pioneiros nesse campo é Georges Gusdorf, que, em sua obra *Professores para quê?*, assim coloca a questão:

> A força do mestre é uma responsabilidade assumida. Primeiramente, responsabilidade para com os outros, pois o mestre descobre que ele tem responsabilidade de alma [...] Repetindo ainda uma vez: a maior parte dos professores não é composta de mestres. Dão aulas, encarregam-se de cursos, honestamente, como bons funcionários. Redistribuem os conhecimentos que acumularam, mas nunca tiveram a ideia de que, para lá da verdade professada, se afirma a exigência de uma verdade mais alta, dian-

te da qual cada homem digno desse nome é responsável [...] Ao professor só se pede que saiba. Do mestre reclama-se outra competência que supõe a ultrapassagem e a relativização do saber. (2003, p. 86)

Evidente que há *mestres* e *doutores* formalmente diplomados numa pós-graduação, além dos técnicos que lecionam, porém a questão permanece quando os cursos de pós-graduação não investem na verdadeira mestria, ou seja, combinar a função técnico-docente com a educação propriamente dita.

O mesmo autor assim coloca a questão:

Podemos certamente substituir o professor por um livro, uma estação de rádio ou um gravador, e não faltam tentativas nesse sentido. [...] Em outras palavras, a criança, o adolescente, [...] o universitário consagram longos anos em que frequentam as escolas à obtenção de diplomas diversos e hierarquizados, desde o certificado de conclusão do primeiro grau até o doutoramento. [...] E, no entanto, esses títulos não são o essencial que pertence a outra ordem. O essencial mantém-se oculto entre as alíneas do programa, como que subentendido. Porém, uma mudança de perspectiva facilmente mostraria que o que importa não é aquilo de que se fala. Aquilo de que se fala é apenas um pretexto. (2003, p. 27-8)

Parece claro que o risco da substituição do ensino presencial pelo ensino a distância é hoje um fato real.

Porém, como assinala Gusdorf, o que se fala, isto é, o conteúdo, é apenas pretexto para formar o aluno, em qualquer nível. Como já ressaltei, a função última da educação é o que Paulo Freire denominava de *conscientização*.

A preparação do especialista ou do técnico para ser educador é hoje tarefa inadiável.

Curioso observar que, nas próprias faculdades, nas quais a educação, tal como aqui posta, está ausente, o comportamento dos alunos é frequentemente mais agressivo e imaturo.

Na PUC-SP, por exemplo, os trotes de calouros na faculdade de Medicina tornaram-se extremamente violentos, a ponto de exigir intervenção da reitoria! (Aliás, na Universidade de São Paulo, em 2000, um calouro de Medicina morreu durante o trote...) Cenas de violência também são observadas em festas de final de curso da faculdade de Direito.

Seguramente, uma formação que não vai além dos conteúdos predispõe os alunos a comportamentos despidos de ética e, por conseguinte, de respeito pelo próximo.

Não tenho dúvida de que a crise política e social vivida por tantos países, dentre os quais o Brasil, está intimamente ligada a uma formação escolar, inclusive universitária, na qual os valores humanos não estejam presentes.

É suficiente nos lembrarmos de que físicos formados em meados do século XX conduziram seus estudos para a construção da bomba atômica! São notórios os arrependimentos posteriores...

Transcrevo a seguir dois trechos de trabalhos de alunos do curso de Pedagogia condizentes com o que até aqui anotei:

[...] Em primeiro lugar necessito escolher um caminho; um caminho que cultive meu raciocínio, que desperte a sensibilidade e esteja vinculado à minha realidade. Pode ser que tenha escolhido o caminho mais penoso, mas é o que mais se assemelha aos meus objetivos como ser político, ético, sensível e profissional.

[...] Entregando-me de "corpo e alma" às situações em que estiver envolvida, sentirei estar saindo do rebanho. Sentirei estar fazendo algo "com paixão", com determinação e com competência técnica. Dessa forma, percebo estar encontrando o caminho a trilhar. Percebo estar me encontrando e encontrando tudo aquilo que faz parte da exterioridade de meu ser. (P. G. B. – Pedagogia – PUC-SP – 1998)

[...] Perceber a vida em essência, a importância de ouvir, sentir, olhar, falar, observar, estar presente, de amar o outro como a si mesmo! Perceber como esse processo está integrado à educação, à importância de conduzir o outro ao saber e não "empurrá-lo", pois "seríamos cegos conduzindo cegos" ou ainda, citando um depoimento: "Essa arte de ensinar talvez seja um mistério, mas não posso compreender que existam educadores que ensinem do mesmo jeito durante anos sendo os alunos diferentes". (M. T. J. B. – Pedagogia – PUC-SP – 2001)

21. O AUTOCONHECIMENTO NA FORMAÇÃO DO EDUCADOR

Entendo ser fundamental hoje indagarmos a identidade do educador. Numa época em que a magia tecnológica busca a educação a distância e a internet investe numa ampla gama de relações virtuais, o que resta da pessoa do educador?

Há que se perquirir inicialmente os porquês do desgaste desse personagem ao longo da história. De forma sucinta e buscando a figura histórica maior de educador, vamos deparar com Sócrates.

Sócrates não deixou qualquer texto escrito, mas, à semelhança de Jesus Cristo, suas afirmações atingem profundidades ainda hoje admiradas – por exemplo quando afirma que "o sábio é aquele que sabe que nada sabe" ou ainda que o princípio de toda a sabedoria é o "Conhece-te a ti mesmo".

Esses dois aforismos atribuídos a Sócrates trazem uma dimensão hoje vital para a reflexão sobre o tema aqui sugerido.

Na verdade, vivemos o ocaso do reinado cartesiano. Seu apogeu aconteceu no século XIX, quando o racionalismo e o cientificismo atingiram o auge de suas *certezas*.

Somente no século que ora se findou, depois de homens como Einstein, Freud, Jung, Steiner, Chardin e mais recentemente Capra, Sheldrake, Grof e Paulo Freire, dentre outros, o cartesianismo foi perdendo seu *status* de paradigma incontestável.

Essa longa soberania do cartesianismo, dentre outros problemas, levou o ser humano a uma crescente perda de sua identidade.

Afirmo isso sem desmerecer Descartes ou mesmo o próprio paradigma cartesiano naquilo que significou todo o avanço científico e tecnológico contemporâneo. Como afirma Damásio, autor de O *erro de Descartes*, o problema não está nesse filósofo em si, mas em insistir em ser cartesiano ainda hoje.

A educação não poderia deixar de sofrer as consequências de tal paradigma, que a direcionou para a figura dos especialistas e do conteudismo desenfreado até nossos dias. Quando Paulo Freire denuncia a situação da "educação bancária" a que chegamos, sem dúvida isso decorre do que estamos aqui apontando.

Assim, a *pessoa do educador* fica marcada em nossos dias pela visão cartesiana de mundo, que tem como traço primeiro o dualismo.

Quais as consequências do dualismo entre *corpo* e *alma* enfatizado por Descartes em seu *Discurso do método*? A primeira delas foi dar início a fragmentações crescentes, seja na realidade em torno do ser humano, seja na própria personalidade humana.

No caso da fragmentação do conhecimento, vemos hoje o surgimento de uma visão integrada da vida, que tem como desdobramento toda a ecologia contemporânea.

No caso da fragmentação da personalidade, que mais de perto nos diz respeito na presente reflexão, tivemos (e temos ainda em certa medida) a perda de identidade do ser humano.

Ao indagar de meus alunos no primeiro dia de aula, nas escolas em que leciono, "Quem é você?", tenho como resposta o nome do educando. Ao reportar-lhe que "não perguntei seu nome, mas quem ele é", verifico a profunda perplexidade da maioria dos alunos.

Na verdade, seja pela ausência da filosofia na maior parte dos currículos de ensino fundamental e médio, seja pela fragmentação da personalidade aqui apontada, o fato é que as pessoas não sabem mais quem são...

Ora, um educador, de forma particular, que não sabe quem é será sempre *cego conduzindo cegos*...

Não tenho dúvidas de que grande parte da perda de sentido e significado do processo educativo resulta dessa primeira perda de identidade pessoal.

Precisamos lembrar que a fragmentação primeira de corpo e alma resultou em contínuas fragmentações, como razão, emoção, espiritualidade e corpo físico propriamente dito. Assim ficou com a educação, de forma prioritária, a razão, cuja metáfora atual é o computador. A emoção foi entregue a psicólogos e o corpo físico a professores de Educação Física. A espiritualidade já havia sido destinada às religiões...

Assim, vem se cuidando de *fragmentos* do ser humano.

Percebe-se atualmente a busca desesperada da integração da personalidade. De forma mais ou menos precisa pesquisam-se hoje a chamada *inteligência emocional*, a *expressão corporal* e, finalmente, a *personalidade espiritual*.

Chegou a hora de as universidades assumirem essa discussão em toda sua amplitude, sem o preconceito de que, por exemplo, *o espiritual* não é científico...

Lembremos que Descartes não era um homem materialista; ao contrário, tinha profunda convicção espiritualista. A meu ver, a separação proposta visava permitir que a pesquisa científica escapasse das malhas da Inquisição.

De qualquer forma, como acentuou Teilhard de Chardin em *O fenômeno humano*, depois de percorrermos o longo caminho da análise (e, portanto, da fragmentação) o ser humano chegou à *luminosa síntese*.

Contemporaneamente a Chardin, Steiner – fundador da Pedagogia Waldorf – lança as bases proféticas do que ele denominava *ciência espiritual*. Ainda no mesmo período, Jung apontava para a transcendência do ser humano em sua obra, hoje aprofundada por Grof com sua psicologia transpessoal.

Não só psicólogos ou educadores, mas físicos e biólogos contemporâneos como Capra e Sheldrake apontam para essa realidade da integração da vida, tanto no sentido *interior* do ser humano como *exterior*!

Naturalmente este capítulo não comporta avanços mais aprofundados dessas questões, pois quero me deter na pessoa do *educador* que precisa, com urgência, retomar o processo de autoconhecimento como vislumbrado por Sócrates.

A primeira consequência do autoconhecimento é a percepção do mistério de nós mesmos. Tal mistério está contido no outro aforismo apontado por Sócrates de que "o sábio é aquele que sabe que nada sabe".

Consciente de sua própria *ignorância*, o educador se tornará o *eterno aprendiz*. Em outras palavras, iniciará a jornada para a busca do *saber*. O contrário disso leva à conhecida postura de arrogância, autoritarismo e autossuficiência tão comum em nossas escolas.

O educador que passa a se ver como *eterno aprendiz* estabelecerá novas relações em sala de aula, despertando os educandos para a busca de um aprendizado comum – no sentido de que somos todos aprendizes.

Essa postura de humildade do educador está na raiz da chamada interdisciplinaridade: o educador percebe que sua *especialidade* é, na verdade, uma *ponte* entre a sala de aula e o *saber* maior a ser sempre perseguido.

Para compreender o ponto de partida da percepção profunda da *pessoa do educador*, temos de aliar a figura do *eterno aprendiz* à percepção da *eternidade do agora*. Ainda uma vez, tratar-se-á de superar outra fragmentação. Desta feita, a fragmentação do tempo.

Junto com a perda da espiritualidade, perdemos a noção do *khairós*, o tempo interior, ficando apenas com o que os gregos chamavam de *chronos*, o tempo ficcional do relógio.

Foi Einstein, no início do século XX, quem levantou esse tema da relatividade do tempo e do espaço.

O fato é que o paradigma cartesiano nos aprisionou ao tempo fraturado entre passado e futuro, eliminando o que denomino *eternidade do agora*.

Não tenho dúvida de que o ponto primeiro do autoconhecimento é a percepção profunda dessas duas eternidades: do aprendizado e do agora. Tal percepção marcará o sentido e a significação do *ato de educar* e, portanto, da pessoa do educador.

Assim, o que denomino de *renascimento do sagrado na educação* (título de um livro meu) nada mais é do que a retomada do sentido e da significação do ser humano, no caso o educador.

As questões aventadas da ignorância e da fragmentação – do saber, do ser humano ou do tempo – podem ser acrescidas de outra percepção da ciência contemporânea, qual seja, a da realidade das *transformações permanentes no universo*. Também na Grécia Antiga Heráclito já suscitava tão instigante percepção. Dizia o filósofo que "o homem não atravessa duas vezes o mesmo rio, pois a água que passa não é a mesma e o homem que atravessa também não o é". Tal aforismo, como os de Sócrates aqui citados, tem hoje especial importância, seja em razão de uma evidente mudança paradigmática, seja pelas descobertas da própria ciência. As transformações permanentes referidas por Capra são tema importante de reflexão na educação.

Se como afirma o mesmo Capra o universo é uma *dança cósmica de partículas* e não o conjunto de *bolas de bilhar* imaginado por Newton, cabe ao educador trazer para a sala de aula a possibilidade de *autotransformação*, além das inexoráveis transformações sofridas inconscientemente. Assim é que sofremos constantes mudanças que nos conduzem ao envelhecimento do corpo, por exemplo, ou a uma das muitas doenças psicossomáticas. Porém, simultaneamente, o ser humano atua no universo como um ser criador, que pode transformar o meio ambiente poluído por intermédio daquilo que hoje denominamos ação ecológica. Mais ainda, levar a cabo, de forma consciente, um processo de autotransformação que implicará mudanças físicas mentais e emocionais significativas.

Esse processo de autotransformação está na raiz do retorno ao sagrado. É a ideia de que a partir do caos de nossa existência no plano físico podemos construir, como dizia Steiner, nossa personalidade espiritual.

No livro *O caos, a criatividade e o retorno ao sagrado*, Rupert Sheldrake, Terence McKenna e Ralph Abraham, situam a época atual como a do retorno ao sagrado. Tal retorno decorre, segundo o "triálogo" dos autores, do equilíbrio entre o caos e a ordem e o masculino e o feminino.

Acredito, como eles, que a matemática, ao resgatar o caos por intermédio da teoria do caos, demonstra que não existe um caos absoluto, mas sim a possibilidade de uma nova ordem na qual a harmonia e o equilíbrio predominam, inclusive e especialmente o equilíbrio das energias masculina e feminina – em outras palavras, entre a emoção e a razão. Partindo de um mito babilônico em que o caos e o feminino eram derrotados pela ordem e pelo masculino, os autores revelam que a humanidade viveu (e vive...) muitos séculos de desequilíbrio e desarmonia.

Enfim, são diferentes enfoques de distintos especialistas que nos conduzem a um mesmo ponto ômega, como referido por Chardin, de retorno ao sagrado.

É uma longa caminhada, em particular no caso da educação, que precisa sair da "educação bancária" para uma educação de pleno desenvolvimento da personalidade humana.

Transcrevo abaixo depoimento de uma aluna após uma iniciação ao autoconhecimento:

Nossa! O que aprendi! Quantas coisas que aprendi neste período, neste curso... Posso dizer que uma coisa muito importante aconteceu: aprendi a aprender! Aprendi a abrir minha janela para a aprendizagem. Aprendi que nunca, mas nunca mesmo, vou parar de aprender, felizmente!

Aprendi a me olhar, que se eu bem me conheço posso me relacionar e fazer conexões com outros tantos olhares ao meu redor. Olhares estes que antes eu nem ao menos percebia. Simplesmente não os encarava, nem podia fixar meus olhos neles. Agora eu posso... Agora eu quero! Vejam só: aprendi a querer também. Vejo que é muito mais prazeroso querer do que "ter de" fazer! O querer definitivamente me abriu outras tantas janelas, a começar pelo querer me ver, querer me conhecer, querer mergulhar dentro de mim... Na mais profunda e poderosa M. Poder não no sentido de ter coisas, não no sentido material, mas sim no sentido de EU POSSO iluminar meus campos, EU QUERO e posso fazer que um deserto se transforme em um jardim... Vou lutar por isso. (M. F. G. – Filosofia da Educação – Licenciatura em Artes Plásticas – Faap – 2001)

Para finalizar, transcrevo poesia constante da obra *O renascimento do sagrado na educação* (Espírito Santo, 2008, p. 11-12):

Tangenciar o sagrado

O sagrado permeia toda a realidade humana.
Até as academias, mergulhadas na razão o sentem.
Vivemos tempos fantásticos
da psicologia transpessoal aos campos morfogenéticos.

A humanidade vem crescendo e se "consciencializando"
Da fé primitiva, que se nota nas antigas tradições,
chegando à busca cartesiana da verdade científica
e se abrindo, no século XX, ao conhecimento.

Esse conhecimento tem sido chamado de holístico,
de visão interligada do universo,
de perspectiva gaia,
de nova era, pelo senso mais comum...

Não importa a denominação.
As palavras são sempre frágeis para conter as verdades.
Importa, isto sim, que se considere esse momento,
sem nos escondermos nos exclusivos limites da razão...

Diria que acordar para este momento
é o imperativo para todos nós, buscadores do sentido.
O que proponho é busca,
Andaimes para a construção que se vai fazendo...

*Tangenciar o sagrado é descobrir a magia do ser humano,
sua significação e sua grandeza.
É tirar do mais dentro
o que até agora procurávamos nas estrelas...*

CONCLUSÃO: RETOMANDO O ATO DE EDUCAR

Desde Paulo Freire ficou desnudada grande parte das propostas assumidas pelas diferentes instituições escolares: a "educação bancária".

Qual a característica de tal *educação?*

Em primeiro lugar, volta-se exclusiva ou preferencialmente ao chamado conteudismo, filho dileto do positivismo, que gestou o deus da razão e deu origem a uma proposta educativa voltada somente para o desenvolvimento intelectual. Houve um momento em que pais e escolas buscavam, como muitas ainda hoje o fazem, formar doutores.

Tal ânsia nos conduziu aos vestibulares, vestibulinhos de pré-escolas, cursinhos e seus respectivos e poderosos *lobbies...*

Qual a relação de tudo isso com a educação?

Quase nenhuma.

Educar, como dizia o mesmo Freire, é antes de tudo conscientizar.

Conscientizar sobre o quê? Freire nos respondia: sobre o *mundo-vida...*

Este começa com o próprio universo pessoal: "Quem sou eu?" O famoso "Conhece-te a ti mesmo" de Sócrates como o *princípio de toda a sabedoria.*

Assim, o *mundo-vida* tem início com a profundidade do *si mesmo*, para então mergulhar na magia do *mundo em torno de si mesmo.*

A consciência dessa totalidade é o ponto de partida do aprendizado, em que o educador é também um aprendiz – diria *um eterno aprendiz*, dada a infinitude do universo à nossa volta!

Assim, educar é muito mais que trazer conteúdos ou informações aos alunos. O jovem precisa saber de suas múltiplas dimensões: física, emocional, racional e espiritual. É a partir dessa autoconscientização que ele poderá iniciar a descoberta de seu caminho na vida! A ausência de tal percurso pode acarretar dificuldades ao jovem na escolha de seu futuro, pois normalmente lhe são oferecidas pela família e pela escola alternativas exclusivamente intelectuais: há que buscar um diploma de educação superior! E os artistas? E os artesãos? E os músicos? Será que precisamos insistir mais ainda na descrição de tragédias como a simbolizada no filme *Sociedade dos poetas mortos*? Continuaremos a *matar* aqueles que não querem ser *doutores*? Insistiremos em trazer para as universidades os que querem outros caminhos?

Tais questões devem ser enfrentadas durante todo o processo educativo, de modo que o jovem perceba a beleza existente em toda a atividade humana. Os sábios nem sempre foram os doutores...

Após o trabalho do autoconhecimento, o jovem deve ser iniciado na magia e na beleza do universo. Deve ver desvelado seu potencial para fazer música, pintar, desenhar, fazer teatro, desenvolver os trabalhos manuais, enfim, entrar em contato com a amplitude de seu fazer, muito maior que simplesmente ler, escrever e contar.

Essas atividades despertarão no jovem o indispensável sentido de habitar um universo de permanente transformação, no qual ele, como artista, é um dos atores principais, transformando-se conscientemente e o entorno.

Vê-se que a educação tem uma dimensão bem mais ampla que aquela trazida até agora pela chamada "educação tradicional". Assim, devemos buscar processos educacionais diferenciados e mesmo uma nova didática.

A didática deverá trazer aquilo que denomino de transgressão dos espaços bloqueadores de uma nova educação.

Há que se rever cada detalhe do processo educativo: uso do espaço da sala de aula, grade curricular, avaliação, a questão da interdisciplinaridade, a importância das artes, o despertar da inteligência emocional, o lugar da espiritualidade etc. Formar um educador hoje é fazê-lo consciente do *mundo-vida educacional*, despertando-o para as transformações já havidas e para a consciência de que habitamos um universo de permanentes mudanças.

Existe uma insuspeitada beleza nessa postura da eternidade do aprendizado que envolve professores e alunos! Além da beleza, o fruto – igualmente presente quando caminhamos nessa direção – é a alegria encontrada no processo educativo, que deixa de ser aversivo.

O objetivo desta reflexão é abrir um diálogo com os futuros educadores, buscando, já na sua formação, uma abertura à criatividade na gestação do novo que se constrói.

REFERÊNCIAS BIBLIOGRÁFICAS

ALVES, Rubem. "Qualidade em educação". *Folha de S.Paulo*, São Paulo, 3 jul. 1997.

_____. "Voltando a ser criança". *Folha de S.Paulo*, São Paulo, 22 ago. 2000.

_____. "Sobre moluscos e homens". *Folha de S.Paulo*, São Paulo, 17 fev. 2002.

ARISTÓTELES. *Ética a Eudemo*. Parede: Tribuna da História, 2005.

BERTHERAT, Thérèse; BERNSTEIN, Carol. *O corpo tem suas razões*. 21. ed. São Paulo: WMF Martins Fontes, 2010.

BOLEN, Jean Shinoda. *O caminho de Avalon*. São Paulo: Rosa dos Ventos, 1994.

CAPRA, Fritjof. *O ponto de mutação*. São Paulo: Cultrix, 1990.

_____. *Teia da vida*. São Paulo: Cultrix, 2000.

CHARDIN, Teilhard de. *O fenômeno humano*. São Paulo: Cultrix, 1989.

DAMÁSIO, António. *O erro de Descartes*. 2. ed. São Paulo: Companhia das Letras, 1996.

DELORS, Jacques. *Os quatro pilares da educação*. Relatório para a Unesco da Comissão Internacional sobre Educação para o Século XXI. Paris: Unesco, 1994.

DESCARTES, René. *Discurso do método*. 4. ed. São Paulo: Martins Fontes, 2009.

ESPÍRITO SANTO, Ruy Cezar do. *Histórias que educam*. São Paulo: Ágora, 2001.

_____. *O renascimento do sagrado na educação*. Petrópolis: Vozes, 2008.

_____. *Pedagogia da transgressão*. 10. ed. São Paulo: Ágora, 2011.

FAZENDA, Ivani (org.). *Práticas interdisciplinares na escola*. São Paulo: Cortez, 1993.

_____. *A academia vai à escola*. Campinas: Papirus, 1994.

_____. *Dicionário em construção: interdisciplinaridade*. São Paulo: Cortez, 2001.

FERREIRA, Aurélio B. H. Novo Aurélio século XXI: o dicionário da língua portuguesa. 3. ed. Rio de Janeiro: Nova Fronteira, 1999.

FREIRE, Paulo. *Pedagogia do oprimido*. São Paulo: Paz e Terra, 1970.

_____. *Professora sim, tia não*. São Paulo: Olho d'Água, 1998.

GRECO, Milton. *A aventura humana entre o real e o imaginário*. São Paulo: Perspectiva, 1984.

GUSDORF, Georges. *Professores para quê? Educação e psicologia*. 3. ed. São Paulo: Martins Fontes, 2003.

JUNG, Carl Gustav. *Símbolos da transformação*. 7. ed. Petrópolis: Vozes, 2011.

KRISHNAMURTI. *Educação e significação da vida*. 14. ed. São Paulo: Cultrix, 1994.

LANZ, Rudolf. *Pedagogia Waldorf – Caminho para um ensino mais humano*. São Paulo: Antroposófica, 1994.

PEARSON, Carol. *O herói interior*. São Paulo: Cultrix, 1994.

PROGOF, Ira. *Jung, sincronicidade e destino humano*. São Paulo: Cultrix, 1989.

SHELDRAKE, Rupert; McKENNA, Terence; ABRAHAM, Ralf. *O caos, a criatividade e o retorno ao sagrado*. São Paulo: Pensamento, 1994.

STEINER, Rudolf. *A arte da educação – I*. São Paulo: Antroposófica, 2003.

SWIMME, Brian. *O universo é um dragão verde*. São Paulo: Cultrix, 1991.

WILBER, Ken. *O espectro da consciência*. São Paulo: Cultrix, 1990.

leia também

PEDAGOGIA DA TRANSGRESSÃO
UM CAMINHO PARA O AUTOCONHECIMENTO
EDIÇÃO REVISTA
Ruy Cezar do Espírito Santo

Este livro – destinado a educadores de todos os níveis e a estudantes de pedagogia –, apresenta as transgressões que permearam seus quarenta anos de experiência docente, buscando caminhos alternativos para a educação e "transgredindo" as práticas pedagógicas antigas. Depoimentos dos alunos sobre o caráter transformador do trabalho do autor coroam a obra de forma magistral.
REF. 20891   ISBN 978-85-7183-891-8

HISTÓRIAS QUE EDUCAM
CONVERSAS SÁBIAS COM UM PROFESSOR
Ruy Cezar do Espírito Santo

O autor é um conceituado educador que gosta de estimular seus alunos para o autoconhecimento e para o despertar da espiritualidade. Trabalhando em sala de aula com o livro *Histórias que curam*, de Rachel N. Remen, Ruy inspirou-se para escrever este livro. Outros educadores, por sua vez, se sentirão inspirados pela sensibilidade e poesia desta obra.
REF. 20794   ISBN 85-7183-794-5

AUTOCONHECIMENTO NA FORMAÇÃO DO EDUCADOR
Ruy Cezar do Espírito Santo

O autor, figura de destaque na área de educação, criou uma obra de orientação e estímulo aos educadores, mesclando informações objetivas, filosofia e poesia. Leitura agradável e que conduz a reflexões profundas sobre as razões do autoconhecimento para uma vida profissional harmoniosa.
REF. 20025   ISBN 978-85-7183-025-7